[워크북]

IFRS 회계원리

이성희 김정애 공저

INTERNATIONAL
FINANCIAL
REPORTING
STANDARDS

ACCOUNTING PRINCIPLES

차 례 Contents

PART 01 회계의 기초 개념

PART 02 계정별 회계처리

PART

1

회계의 기초 개념

제 2 장 회계정보와 재무제표

01. [재무상태표계정]

다음은 재무상태표계정이다. 자산, 부채, 자본항목으로 구분 표시하라. 재무상태표계정이 아닌 항목에는 X표를 하라.

이 익 잉 여 금	(　　　)	미 수 금	(　　　)
매 입 채 무	(　　　)	소 모 품	(　　　)
기 계 장 치	(　　　)	차 량 운 반 구	(　　　)
제 품	(　　　)	이 자 비 용	(　　　)
미 지 급 금	(　　　)	영 업 권	(　　　)
임 차 보 증 금	(　　　)	선 수 금	(　　　)
예 수 금	(　　　)	임 대 보 증 금	(　　　)
사 채	(　　　)	주 식 발 행 초 과 금	(　　　)
자 본 금	(　　　)	매 출	(　　　)

02. [재무상태표와 포괄손익계산서계정]

다음 계정이 나타나는 재무제표(재무상태표, 포괄손익계산서)를 표시하라.

이 자 수 익	(　　　)	자 본 금	(　　　)
매 입 채 무	(　　　)	매 출 원 가	(　　　)
급 여	(　　　)	토 지	(　　　)
제 품	(　　　)	이 자 비 용	(　　　)
미 지 급 금	(　　　)	영 업 권	(　　　)
임 차 료	(　　　)	선 수 금	(　　　)
예 수 금	(　　　)	보 험 료	(　　　)
감 가 상 각 비	(　　　)	이 익 잉 여 금	(　　　)
기타포괄손익누계액	(　　　)	매 출	(　　　)

03. [재무상태표의 작성]

다음의 계정과목을 자산, 부채, 자본으로 구분하고, 재무상태표를 작성하라.

자 본 금	₩500,000	토 지	₩445,000
현 금	100,000	이 익 잉 여 금	200,000
건 물	340,000	매 출 채 권	250,000
장 기 차 입 금	125,000	기타포괄손익누계액	300,000
단 기 차 입 금	150,000	주 식 발 행 초 과 금	80,000
특 허 권	180,000	사 채	250,000
상 품	210,000	단 기 대 여 금	80,000

자 본 금	₩500,000(　　)	토 지	₩445,000(　　)
현 금	100,000(　　)	이 익 잉 여 금	200,000(　　)
건 물	340,000(　　)	매 출 채 권	250,000(　　)
장 기 차 입 금	125,000(　　)	기타포괄손익누계액	300,000(　　)
단 기 차 입 금	150,000(　　)	주 식 발 행 초 과 금	80,000(　　)
특 허 권	180,000(　　)	사 채	250,000(　　)
상 품	210,000(　　)	단 기 대 여 금	80,000(　　)

재무상태표

자산		부채	
		자본	
자산총계		부채와자본총계	

04. [포괄손익계산서의 작성]

다음 자료를 이용하여 수익, 비용을 구분하고, 포괄손익계산서를 작성하라.

매 출 액	₩700,000	감 가 상 각 비	₩45,000
임 대 료 수 익	150,000	종 업 원 급 여	200,000
이 자 비 용	50,000	법 인 세 비 용	100,000
매 출 원 가	350,000	보 험 료	70,000
이 자 수 익	30,000	유형자산처분이익	80,000

매 출 액	₩700,000( )	감 가 상 각 비	₩45,000( )
임 대 료 수 익	150,000( )	종 업 원 급 여	200,000( )
이 자 비 용	50,000( )	법 인 세 비 용	100,000( )
매 출 원 가	350,000( )	보 험 료	70,000( )
이 자 수 익	30,000( )	유형자산처분이익	80,000( )

포괄손익계산서

비용		수익	
당기순이익(손실)			

05. [재무상태표와 포괄손익계산서의 관계]

재무상태표와 포괄손익계산서의 관계를 이용하여 다음의 ( )안의 금액을 계산하라. 단, 각 사례는 독립적이다.

(단위: 천원)

구분	기초 재무상태표			포괄손익계산서			추가출자	기말 재무상태표		
	자산	부채	자본	수익	비용	이익	배당지급	자산	부채	자본
1)	3,500	( )	1,200	2,300	( )	( )	0	4,500	( )	1,600
2)	2,700	( )	( )	( )	1,700	500	출자: 500	3,200	1,300	( )
3)	5,250	( )	1,680	( )	3,560	( )	배당: 100	6,380	( )	2,280
4)	( )	4,530	2,850	7,380	( )	( )	배당: 1,020	8,150	4,350	( )
5)	4,700	1,500	( )	3,000	( )	700	출자: 800 배당: 500	6,200	( )	( )

06. [재무제표 오류 수정]

다음은 인제㈜의 20×1년도 재무제표 중 하나이다. 잘못된 부분을 지적하고 올바른 재무제표를 작성하라.

포괄손익계산서

인제㈜ 20×1.1.1부터 20×1.12.31까지 (단위: 원)

자산		부채	
현 금	33,100	매출채권	54,100
이익잉여금	12,640	차 입 금	48,700
건 물	15,600	소 모 품	13,100
자 본 금	127,000	자본	
미지급이자	5,560	토 지	78,000
자산총계	193,900	부채와자본총계	193,900

(　　　　　　　)

인제㈜	( )	(단위: 원)

자산		부채	
		자본	
자산총계		부채와자본총계	

07. [재무상태표와 포괄손익계산서계정 및 재무제표의 작성]

다음의 계정과목을 자산, 부채, 자본, 수익, 비용으로 구분하고, 재무상태표와 포괄손익계산서를 작성하라.

자본금	₩10,000,000	차량운반구	₩5,000,000
현금	2,077,500	이익잉여금	3,032,500
비품	2,150,000	배당금수익	250,000
이자비용	63,000	유형자산처분손실	24,500
매출원가	4,300,000	상품매출	7,800,000
임대료수익	500,000	임대보증금	2,000,000
상품	3,800,000	미수금	450,000
매출채권	1,755,000	수도광열비	180,000
장기차입금	1,000,000	종업원급여	800,000
매입채무	1,200,000	선수수익	650,000
장기금융상품	3,000,000	기타포괄손익누계액	50,000
광고선전비	150,000	이익준비금	300,000

자 본 금	₩10,000,000	(자본-자본금)	차 량 운 반 구	₩5,000,000	(자산-유형자산)
현 금	2,077,500	( )	이 익 잉 여 금	3,032,500	( )
비 품	2,150,000	( )	배 당 금 수 익	250,000	( )
이 자 비 용	63,000	( )	유형자산처분손실	24,500	( )
매 출 원 가	4,300,000	( )	상 품 매 출	7,800,000	( )
임 대 료 수 익	500,000	( )	임 대 보 증 금	2,000,000	( )
상 품	3,800,000	( )	미 수 금	450,000	( )
매 출 채 권	1,755,000	( )	수 도 광 열 비	180,000	( )
장 기 차 입 금	1,000,000	( )	종 업 원 급 여	800,000	( )
매 입 채 무	1,200,000	( )	선 수 수 익	650,000	( )
장기금융상품	3,000,000	( )	기타포괄손익누계액	50,000	( )
광 고 선 전 비	150,000	( )	이 익 준 비 금	300,000	( )

포괄손익계산서

비용	수익
당기순이익(손실)	

재무상태표

자산		부채	
		자본	
자산총계		부채와자본총계	

제 3 장 회계거래의 기록

EXERCISES

01. [회계거래의 식별]

다음의 거래에 대하여 회계거래 여부를 표시하고, 이유를 설명하라.

1)	(회계거래)	상품 ₩5,000,000을 구입하고 대금은 한 달 후에 지급하기로 하였다.
	이유 →	상품(자산)이 증가하고, 그로 인해 매입채무(부채)가 증가함.
2)	( )	원가 ₩500,000의 상품을 ₩700,000에 판매하기로 계약하였다.
	이유 →	
3)	( )	상품 ₩4,500,000을 주문하였다.
	이유 →	
4)	( )	태풍으로 인해 장부가액 ₩2,000,000의 상품이 완전히 파손되었다.
	이유 →	
5)	( )	전기요금 ₩500,000의 고지서를 받았으나, 현금이 부족하여 납부일에 납부하지 못했다.
	이유 →	
6)	( )	보유 중인 빌딩을 담보로 제공하고 현금 ₩1,000,000을 차입하였다.
	이유 →	
7)	( )	인터넷매체에 ₩700,000의 광고 제작을 의뢰하였다.
	이유 →	
8)	( )	대표이사가 코로나로 갑자기 사망하여 차기 대표이사로 워런 버핏을 선임하였다.
	이유 →	

9)	(　　　　)	공장의 생산라인 증설을 위한 자금마련을 위해 주주총회에서 신주발행을 의결하였다.
	이유 →	
10)	(　　　　)	소말리아 아동의 식량 지원을 위해 현금 ₩1,000,000을 기부하였다.
	이유 →	

02. [회계등식 Ⅰ]

회계등식을 이용하여 ( )안의 금액을 계산하라.

	자산	부채	자본
1)	₩700,000	(　　　　)	₩400,000
2)	(　　　　)	₩170,000	₩550,000
3)	₩420,000	₩250,000	(　　　　)
4)	₩640,000	(　　　　)	₩420,000
5)	(　　　　)	₩310,000	₩340,000
6)	₩530,000	₩190,000	(　　　　)

03. [회계등식 Ⅱ]

회계등식을 이용하여 ( )안의 금액을 계산하라

(단위: 원)

구분	기초 재무상태표			포괄손익계산서			추가출자	기말 재무상태표		
	자산	부채	자본	수익	비용	이익	배당지급	자산	부채	자본
1)	7,000	(　　)	2,400	4,600	(　　)	(　　)	0	9,000	(　　)	3,200
2)	5,400	(　　)	(　　)	(　　)	3,400	1,000	출자: 1,000	6,400	2,600	(　　)
3)	10,500	(　　)	3,360	(　　)	7,120	(　　)	배당: 200	12,760	(　　)	4,560
4)	(　　)	9,060	5,700	14,760	(　　)	(　　)	배당: 2,040	16,300	8,700	(　　)
5)	9,400	3,000	(　　)	6,000	(　　)	1,400	출자: 1,600 배당: 1,000	12,400	(　　)	(　　)

04. [계정과목]

아래 표는 서비스기업의 회계거래이다. 거래를 기록할 때 차변과 대변에 사용할 계정을 표시하라.

① 매입채무	⑤ 법인세비용	⑨ 매출
② 매출채권	⑥ 미지급법인세	⑩ 자본금
③ 건물	⑦ 장기차입금	⑪ 선급보험료
④ 현금	⑧ 이익잉여금	⑫ 유가증권

	회계거래	차변	대변
예시	서비스를 제공하고 현금으로 대가를 수취하다.	④ 현금	⑨ 매출
1)	주주들에게 주식을 발행하고 주식대금을 현금으로 받다.		
2)	은행으로부터 3년 만기로 현금을 차입하다.		
3)	내년에 해당하는 보험료를 현금으로 지급하다.		
4)	서비스를 외상으로 제공하다.		
5)	매출채권을 현금으로 회수하다.		
6)	건물을 매각하고 대가를 현금으로 받다.		
7)	당기분 법인세를 내년에 지급하기로 하다.		

05. [거래요소의 결합관계]

다음의 회계거래를 차변 요소와 대변 요소로 구분하여 결합관계를 표시하라.

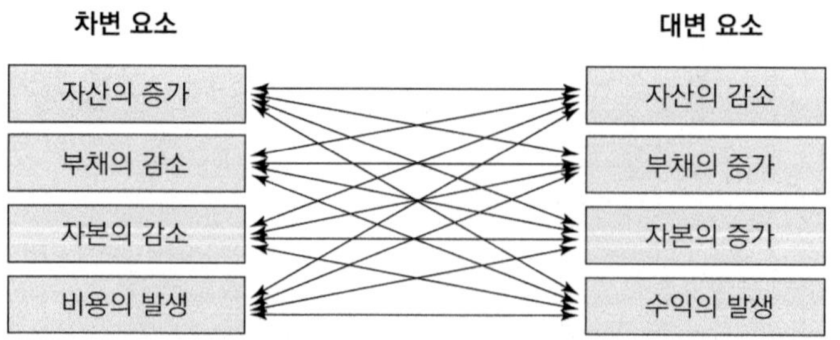

예시	상품을 매입하고 현금 ₩100,000을 지급하다.	자산의 증가	자산의 감소
1)	상품 ₩300,000을 외상으로 매입하다.		
2)	주식을 발행하고 주식대금 ₩100,000은 당좌예금으로 납입받다.		
3)	상품을 ₩500,000에 현금으로 판매하다.		
4)	상품 외상대금 ₩50,000을 당좌수표를 발행하여 지급하다.		
5)	은행의 기존 차입금 ₩100,000을 상환하고 더 낮은 이자율로 다시 차입하다.		
6)	은행 차입금 ₩200,000을 출자전환하기로 하고 주식을 발행하여 교부하다.		
7)	상품을 판매하기로 하고 미리 현금으로 받았던 ₩100,000에 대한 상품을 제공하다.		
8)	기존 주주들로부터 주식 100주를 ₩200,000에 현금으로 취득하다.		
9)	주주총회에서 보통주 배당금으로 ₩50,000을 지급하기로 결의하였으나 아직 미지급하다.		
10)	우선주 50주 ₩100,000을 보통주 25주로 전환하다.		
11)	종업원 급여 ₩100,000을 현금으로 지급하다.		
12)	전기요금 ₩50,000을 미납부하다.		

06. [거래요소의 결합관계와 거래의 기록]

다음은 20×1년 9월 1일에 택배용역을 목적으로 개업한 인제㈜의 9월 한 달 동안의 경영활동을 나타낸 것이다. 각 거래에 대해 차변 요소와 대변 요소의 결합관계를 표시하고 회계거래를 기록하라.

1) 주주로부터 주식대금 ₩5,000,000을 현금으로 납입받아서 회사를 설립하였다.

거래요소의 결합관계	(차) 자산(현금)의 증가	(대) 자본(자본금)의 증가

(예시)

현금	
(1) 자본금 5,000,000	

자본금	
	(1) 현금 5,000,000

2) 택배운반에 사용할 차량을 ₩2,000,000에 구입하고, 대금의 50%는 현금으로, 나머지는 다음에 지급하기로 하였다.

거래요소의 결합관계	(차)	(대)

3) 9월 동안 제공한 택배용역은 총 ₩3,000,000으로, 대금 중 50%는 현금으로, 나머지는 다음에 받기로 하였다.

거래요소의 결합관계	(차)	(대)

4) 택배용 포장박스를 ₩1,000,000에 구입하고, 대금 중 ₩300,000은 현금으로, 나머지는 다음에 지급하기로 하였다.

거래요소의 결합관계	(차)	(대)

5) 차량 구입대금 중 미지급된 ₩1,000,000을 현금으로 지급하였다.

거래요소의 결합관계	(차)	(대)

6) 택배 포장용 테이프와 칼 등의 소모품 ₩50,000을 현금으로 구입하였다.

거래요소의 결합관계	(차)	(대)

7) 종업원 급여 ₩1,000,000을 현금으로 지급하였다.

거래요소의 결합관계	(차)	(대)

8) 전기요금 ₩200,000의 청구서를 받았으나 9월 말까지 지급하지 못하였다.

거래요소의 결합관계	(차)	(대)

제 4 장 회계의 순환과정 Ⅰ: 기중 회계처리

EXERCISES

01. [거래의 분개]

택배용역을 주업으로 하는 인제㈜의 20×1년 9월의 거래는 다음과 같다. 각 거래를 분개하라.

9월 1일	보통주를 액면가로 발행하고 주주로부터 주식대금 ₩100,000을 현금으로 납입받아 회사를 설립하였다.
	(차) (대)
9월 2일	지방신문사에 광고를 게재하고 광고비 ₩1,000을 현금으로 지급하였다.
	(차) (대)
9월 5일	택배용 차량을 현금 ₩25,000에 취득하였다.
	(차) (대)
9월 10일	택배용역을 제공하고 대금 ₩5,000은 외상으로 하였다.
	(차) (대)
9월 14일	업무에 사용할 복사기와 프린트기 등을 ₩1,500에 현금으로 구입하였다.
	(차) (대)
9월 18일	9월 10일에 제공한 택배용역의 외상대금을 현금으로 회수하였다.
	(차) (대)

9월 25일	종업원 급여 ₩2,000을 현금으로 지급하였다.	
	(차)	(대)

02. [분개와 전기]

인제자문㈜는 경영자문을 목적으로 20×1년 7월에 설립하였으며, 7월 중 발생한 거래는 다음과 같다. 각 거래를 분개하고 총계정원장에 전기하라.

1) 7월 1일 액면 ₩5의 주식 1,000주를 액면가로 발행하고 주식대금은 전액 현금으로 납입받았다.

(차) 현 금 5,000	(대) 자본금 5,000

(예시)

현금	
7/1자본금 5,000	

자본금	
	7/1현금 5,000

2) 7월 2일 사무용비품을 ₩1,500에 현금으로 구입하였다.

(차)	(대)

3) 7월 5일 7~9월분 건물임차료 ₩300을 현금으로 지급하였다.

(차)	(대)

4) 7월 18일　어방㈜에 경영자문을 제공하고 대금 중 ₩1,500은 현금으로 받고 나머지 ₩1,500은 한 달 후에 받기로 했다.

(차)	(대)

5) 7월 20일　삼방㈜에 경영자문을 제공하기로 하고 대금 ₩600을 미리 받았다.

(차)	(대)

6) 7월 23일　신한은행에서 1년 후에 상환하기로 하고 현금 ₩500을 차입하였다.

(차)	(대)

7) 7월 25일 종업원 급여 ₩1,500 중 ₩1,000은 현금으로 지급하고 나머지는 2 주일 후에 지급하기로 하였다.

(차)	(대)

03. [시산표의 작성]

20×1년 8월 1일에 설립된 활천건축㈜의 8월 중 거래내역은 다음과 같다. 각 거래를 분개 및 전기하고, 8월의 합계잔액시산표를 작성하라.

1) 8월 1일 액면 ₩500의 주식 200주를 액면가로 발행하고 주식대금은 전액 현금으로 납입받아 회사를 설립하였다.
2) 8월 1일 사무실 직원 2명을 1인당 월 ₩500을 지급하기로 하고 고용계약을 하였다.
3) 8월 7일 건축설계용 제도기를 ₩10,000에 외상으로 구입하였다.
4) 8월 8일 인제㈜에 건축설계 용역을 제공하고 대금 ₩5,000에 대한 청구를 하였다.
5) 8월 15일 고객에게 설계용역을 제공하고 대금 ₩3,500을 현금으로 받았다.
6) 8월 22일 본사건물 신축과 관련한 건물을 설계하기로 하고 삼방㈜로부터 현금 ₩10,500을 미리 받았다.
7) 8월 25일 8월 7일의 외상대금 중 ₩6,000을 현금으로 지급하였다.

8) 8월 31일 직원에 대한 급여 ₩1,000을 현금으로 지급하였다.

9) 8월 31일 8월분 사무실 임차료 ₩2,000을 현금으로 지급하였다.

1)	8/1	(차)	(대)

2)	8/1	(차)	(대)

3)	8/7	(차)	(대)

4)	8/8	(차)	(대)

5)	8/15	(차)	(대)

6)	8/22	(차)	(대)

7)	8/25	(차)	(대)

8)	8/31	(차)	(대)

9)	8/31	(차)	(대)

(예시)

현금	
8/1자본금 100,000	

자본금	
	8/1현금 100,000

합계잔액시산표

활천건축㈜ 20×1년 8월 1일부터 8월 31일까지 (단위: 원)

차변		계정과목	대변	
잔액	합계		합계	잔액
		합 계		

04. [시산표 오류 수정 Ⅰ]

인제㈜의 회계담당자가 다음과 같은 실수를 하였다. 각 실수가 시산표의 차변과 대변에 미치는 영향을 분석하고 정확한 시산표의 작성을 위해 어떤 수정이 이루어지면 되는지를 설명하라.

1) 고객으로부터 현금으로 회수한 외상대금 ₩5,000의 분개를 다음과 같이 하였다.

(차) 현 금	5,000	(대) 용역수익	5,000

미치는 영향 →

올바른 분개 →

2) 매출채권에 대한 분개시 차변에 ₩500을 적게 기록하였다.

미치는 영향 →

올바른 분개 →

3) 기계설비 ₩6,000을 현금으로 구입하고 다음과 같이 분개하였다.

(차) 비 품	6,000	(대) 현 금	6,000

미치는 영향 →

올바른 분개 →

4) 선급임차료 ₩800을 임차료계정의 차변에 분개하였다.

미치는 영향 →

올바른 분개 →

5) 자본금 ₩2,000을 대변에 두 번 전기하였다.

미치는 영향 →

올바른 분개 →

6) 수도광열비 ₩250에 대한 전기를 하면서 차변에 ₩520으로 전기하였다.

미치는 영향 →

올바른 분개 →

05. [시산표 오류 수정 Ⅱ]

다음은 동백㈜의 회계담당자 나덜렁씨가 작성한 20×1년 5월 31일의 시산표이다. 나덜렁씨는 작성한 시산표의 차변과 대변의 합계가 일치하지 않음을 발견하고 당신에게 자문을 요청하였다. 총계정원장과 분개전표를 분석한 결과를 토대로 정확한 시산표를 작성하라.

잔액시산표

동백㈜ 20×1년 5월 31일 현재 (단위: 원)

계정과목	차변	대변
현금		6,500
매출채권	6,400	
소모품	1,600	
기계장치	6,000	
미지급금		4,300
선수금	2,400	
자본금		18,000
용역수익		5,796
급여	6,800	
보험료	2,420	
광고선전비	1,070	
합계	26,690	34,596

나덜렁씨와 함께 원장과 분개전표를 분석한 당신은 다음과 같은 오류를 발견하였다.

1) 고객으로부터 외상대금 ₩1,480을 현금으로 회수한 거래를 분개하면서 다음과 같이 분개하였다.

(차) 현 금	940	(대) 매출채권	940

오류 수정사항 →

2) 고객에게 ₩1,780의 용역을 외상으로 제공하고 다음과 같이 분개하였다.

(차) 매출채권	1,780	(대) 용역수익	178

오류 수정사항 →

3) 분개전표로부터 전기하는 과정에서 급여 ₩1,200을 차변에 전기하지 않았다.

오류 수정사항 →

4) 프린터를 ₩680에 외상으로 구입하고 다음과 같이 분개하였다.

(차) 소모품	680	(대) 미지급금	680

오류 수정사항 →

5) 미지급금 ₩412을 현금으로 지급하고 다음과 같이 분개하였다.

(차) 현 금	412	(대) 미지급금	520

오류 수정사항 →

6) 시산표의 작성시 차변과 대변의 계정과목의 위치가 잘못된 부분도 확인되었다.

오류 수정사항 →

수정잔액시산표

동백㈜ 20×1년 5월 31일 현재 (단위: 원)

계정과목	차변	대변
합 계		

제 5 장 회계의 순환과정 Ⅱ: 기말 결산회계

EXERCISES

01. [결산수정분개]

다음은 인제㈜의 20×1년도 12월 31일 현재 기말 결산수정사항들이다. 결산수정분개를 하라.

1) 7월 1일 1년분 창고임차료 ₩120,000을 현금으로 지급하고, 전액 선급임차료로 처리하였다.
2) 12월 31일 현재 선급보험료계정의 잔액이 ₩25,000이며, 이 중 기간경과분이 ₩20,000이다.
3) 10월 1일에 사무실 여유공간의 일부를 임대하고 6개월분 임대료 ₩60,000을 수취하고, 전액을 임대료(수익)과목으로 회계처리하였다.
4) 12월 1일에 직원에게 주택전세자금을 대여하고 이자는 매 3개월 단위로 받기로 하였다. 12월 31일 현재 기간경과이자는 ₩5,000이다.
5) 차량에 대한 20×1년도분 감가상각비는 ₩15,000이다.
6) 20×1년도 중 구입한 소모품 총액은 ₩20,000으로, 구입시점에 전액 소모품(자산)과목으로 회계처리하였다. 12월 31일 현재 소모품 미사용액은 ₩5,000이다.

1)	(차) 임차료 60,000	(대) 선급임차료 60,000

2)	(차)	(대)

3)	(차)	(대)

4)	(차)	(대)

5)	(차)	(대)

6)	(차)	(대)

02. [결산수정분개의 추정]

다음은 인제㈜의 20×1년도 12월 31일 현재 수정전잔액시산표와 수정후잔액시산표이다. 두 개의 시산표를 통해 어떤 결산수정분개가 있었는지 추정하라.

인제㈜ 20×1년도 12월 31일 현재 (단위: 원)

계정과목	수정전잔액시산표		수정후잔액시산표	
	차변	대변	차변	대변
현금	13,000		13,000	
매출채권	1,500		1,800	
선급보험료	600		200	
소모품	40,000		5,000	
비품	60,000		60,000	
감가상각누계액		16,500		22,000
미지급임차료				15,000
자본금		80,000		80,000
이익잉여금		11,600		11,600
매출액		38,000		38,300
급여	16,000		16,000	
임차료	15,000		30,000	
보험료			400	
소모품비			35,000	
감가상각비			5,500	
합계	146,100	146,100	166,900	166,900

수정분개의 내용	차변	대변
1)		
2)		
3)		
4)		
5)		

03. [회계순환과정 종합 Ⅰ]

다음은 ㈜어방용역의 20×1년 10월의 거래내역이다. 회계기간은 10월 1일부터 10월 31일까지이다.

1) 다음의 거래에 대한 분개와 전기를 하라.

10/1 주식 500주를 주당 ₩50에 발행하고 주식대금은 현금으로 납입받았다.

10/1 업무에 사용할 트럭을 ₩10,000에 취득하고, 대금은 외상으로 하였다.

10/1 10월분 포함 6개월분 점포 임차료 ₩3,600을 현금으로 지급하고, 임차료로 처리하였다.

10/1 보험기간 1년의 차량보험료 ₩2,400을 현금으로 지급하고, 선급보험료로 처리하였다.

10/5 업무에 사용할 소모품 ₩1,500을 현금으로 구입하고, 소모품비로 처리하였다.

10/8 고객에게 용역을 제공하고 대금 ₩5,500을 현금으로 받았다.

10/9 여유자금으로 삼성전자㈜의 보통주식 10주를 주당 ₩550에 현금으로 구입하였으며, 동 주식의 취득목적은 단기간 시세차익을 얻기 위한 것은 아니다.

10/10 10/1일에 구입한 차량에 대한 외상대금 중 ₩2,000을 현금으로 지급하였다.

10/15 고객에게 용역을 제공하고 대금 ₩2,800에 대한 청구서를 발송하였다.

10/18 전문잡지에 광고를 게재하고 광고료 ₩500을 현금으로 지급하였다.

10/20 11월에 용역을 제공하기로 계약하고, 대금 중 일부인 ₩1,000을 현금으로 미리 받았다.

10/28 전기요금 ₩1,200을 현금으로 지급하였다.

10/30 종업원 급여 ₩1,800을 현금으로 지급하였다.

10/1	(차) 현 금 25,000	(대) 자본금 25,000

10/1	(차)	(대)

10/1	(차)	(대)

10/1	(차)	(대)

10/5	(차)	(대)

10/8	(차)	(대)

10/9	(차)	(대)

10/10	(차)	(대)

10/15	(차)	(대)

10/18	(차)	(대)

10/20	(차)	(대)

10/28	(차)	(대)

10/30	(차)	(대)

(예시) 현금

10/1자본금 25,000	

자본금

	10/1현금 25,000

2) 10월의 수정전합계잔액시산표를 작성하라.

수정전합계잔액시산표

㈜어방용역 20×1년 10월 1일부터 10월 31일까지 (단위: 원)

차변		계정과목	대변	
잔액	합계		합계	잔액
		합 계		

3) 10월 31일에 다음과 같은 추가사항이 확인되었다. 10월 말 결산을 위한 수정분개와 전기를 하라. 단, 계정원장 중 위 1)의 요구사항에서 작성한 계정원장이 있는 경우는 해당 계정원장을 사용하고, 계정원장이 없는 경우는 아래의 양식을 이용하여 전기하라.

(1) 임차료 중 기간미경과분에 대해 선급임차료로 처리하다.

(2) 보험료 중 기간경과분에 대해 보험료로 처리하다.

(3) 소모품 중 미사용액이 ₩250임을 확인하였다.

(4) 통신비가 ₩800만큼 발생하였으나, 아직 미지급한 상태이다.

(5) 차량에 대한 감가상각비는 ₩50이다.

(6) 10/9일에 취득한 삼성전자 주식의 시장가치가 ₩570으로 상승하였다.

(1)	(차)	(대)

(2)	(차)	(대)

(3)	(차)	(대)

(4)	(차)	(대)

(5)	(차)	(대)

(6)	(차)	(대)

4) 10월의 수정후합계잔액시산표를 작성하라.

수정후합계잔액시산표

㈜어방용역 20×1년 10월 1일부터 10월 31일까지 (단위: 원)

차변		계정과목	대변	
잔액	합계		합계	잔액
		합 계		

5) 10월의 10위식 정산표를 작성하라.

정산표

㈜어방용역　　　　20×1년 10월 1일부터 10월 31일까지　　　　(단위: 원)

계정과목	수정전잔액시산표		수정분개		수정후잔액시산표		포괄손익계산서		재무상태표	
	차변	대변	차변	대변	차변	대변	차변	대변	차변	대변
합 계										
당기순이익(손실)										
합 계										

6) 포괄손익계산서를 작성하라.

포괄손익계산서

㈜어방용역 20×1년 10월 1일부터 10월 31일까지 (단위: 원)

구 분	금 액	
Ⅰ. 용역매출		
Ⅱ. 일반관리비		
Ⅲ. 당기순이익(손실)		
Ⅳ. 기타포괄손익		
Ⅴ. 총포괄이익(손실)		

7) 재무상태표를 작성하라.

재무상태표

㈜어방용역 20×1년 10월 31일 현재 (단위: 원)

계정과목	금 액	
자산		
자산총계		
부채		
자본		
부채와자본총계		

8) 요구사항 1)과 3)에서 작성한 계정원장을 이용하여 손익계정을 마감하고, 마감분개와 집합손익계정을 마감하라.

(1) 마감분개

수익 계정	(차)	(대)

비용 계정	(차)	(대)

(2) 집합손익계정

집합손익

당기순이익의 대체 (또는 당기순순실)	(차)	(대)

9) 요구사항 1), 3) 및 8)에서 작성한 계정원장을 이용하여 재무상태표계정을 마감하고, 계정잔액을 이월하라.

04. [회계순환과정 종합 Ⅱ]

다음은 활천㈜의 20×1년 11월 말 수정전잔액시산표이다.

수정전잔액시산표

활천㈜ 20×1년 11월 30일 현재 (단위: 원)

계정과목	차변	대변
현금	41,000	
매출채권	637,500	
선급임차료	50,000	
소모품	8,000	
비품	1,200,000	
감가상각누계액		240,000
미지급금		175,000
선수금		140,000
차입금		200,000
자본금		400,000
이익잉여금		335,000
용역매출		730,000
급여	270,000	
소모품비	13,500	
합계	2,220,000	2,220,000

1) 다음의 결산수정사항에 대한 분개와 전기를 하라.

(1) 차입금에 대한 이자 기간경과분이 ₩4,000임을 확인하였다.

(2) 11월 말 현재 미사용 소모품이 ₩5,000임을 확인하였다.

(3) 비품에 대한 11월분 감가상각비는 ₩120,000이다.

(4) 11월 말 현재 선급임차료 기간미경과분은 ₩35,000이다.

(5) 11월 말 현재 직원에 대한 급여 ₩5,000이 미지급되었다.

(1)	(차)	(대)

(2)	(차)	(대)

(3)	(차)	(대)

(4)	(차)	(대)

(5)	(차)	(대)

2) 10위식 정산표를 작성하라.

정산표

활천㈜ 20×1년 11월 1일부터 11월 30일까지 (단위: 원)

계정과목	수정전잔액시산표		수정분개		수정후잔액시산표		포괄손익계산서		재무상태표	
	차변	대변	차변	대변	차변	대변	차변	대변	차변	대변
합 계										
당기순이익(손실)										
합 계										

3) 정산표를 기초로 포괄손익계산서를 작성하라.

포괄손익계산서

활천㈜ 20×1년 11월 1일부터 11월 30일까지 (단위: 원)

구 분	금 액	
Ⅰ. 용역매출		
Ⅱ. 일반관리비		
Ⅲ. 당기순이익(손실)		
Ⅳ. 기타포괄손익		
Ⅴ. 총포괄이익(손실)		

4) 정산표를 기초로 재무상태표를 작성하라.

재무상태표

활천㈜ 20×1년 11월 30일 현재 (단위: 원)

계정과목	금 액	
자산		
자산총계		
부채		
자본		
부채와자본총계		

5) 요구사항 1)의 계정원장을 이용하여 포괄손익계산서계정을 마감하고, 마감분개를 하라.

(1) 마감분개

수익계정	(차)	(대)

비용계정	(차)	(대)

(2) 집합손익계정

집합손익

당기순이익의 대체 (또는 당기순순실)	(차)	(대)

6) 요구사항 1)과 5)의 계정원장을 이용하여 재무상태표계정을 마감하고 잔액을 이월하라.

제 6 장 상품매매기업의 회계순환과정

EXERCISES

01. [상품매출원가의 계산]

다음 자료를 이용하여 ( )안에 들어갈 금액을 계산하라.

구 분	A기업	B기업	C기업	D기업
상품매출액	₩780,000	₩120,000	₩350,000	₩610,000
상품매출원가	( )	( )	298,000	( )
기초재고액	115,000	9,000	17,500	( )
당기매입액	820,000	80,000	( )	537,000
기말재고액	( )	7,000	21,300	50,000
매출총이익	125,000	( )	( )	45,000

02. [재고자산-상품의 기록방법 Ⅰ]

다음 거래를 계속기록법에 의해 분개하라.

1) 상품 ₩750,000을 외상으로 매입하다.

(차)	(대)

2) 1)의 상품 중 하자로 인해 ₩15,000을 반품하다(매입환출계정 혹은 상품계정 사용).

(차)	(대)

3) 1)의 상품을 ₩900,000에 외상으로 매출하다.

(차)	(대)

4) 3)의 매출상품 중 ₩9,000이 하자로 반품되다(매출환입계정 사용).

(차)	(대)

03. [재고자산-상품의 기록방법 Ⅱ]

다음 거래를 실지재고조사법에 의해 분개하라.

1) 상품 ₩750,000을 외상으로 매입하다.

(차)	(대)

2) 1)의 상품 중 하자로 인해 ₩15,000을 반품하다.

(차)	(대)

3) 1)의 상품을 ₩900,000에 외상으로 매출하다.

(차)	(대)

4) 3)의 매출상품 중 ₩9,000이 하자로 반품되다.

(차)	(대)

04. [재고자산-상품의 기록방법 종합]

다음은 상품매매업을 하는 ㈜부원상사의 20×1년 11월 중 상품거래 내역이다. 계속기록법과 실지재고조사법에 의해 각각 분개하라.

1) 11/5 상품 ₩800,000을 외상으로 매입하다.
2) 11/7 KMN방송사에 광고를 의뢰하고 광고비 ₩100,000을 현금으로 지급하다.
3) 11/8 11/5에 매입한 상품 중 ₩20,000이 하자가 있어 반품하다.

4) 11/12 상품 ₩600,000을 외상으로 매입하다.

5) 11/15 원가 ₩450,000의 상품을 ₩620,000에 외상으로 판매하다.

6) 11/17 11/15 판매한 상품 중 ₩10,000이 하자로 인해 반품되다.

7) 11/24 원가 ₩730,000의 상품을 ₩900,000에 현금으로 판매하다.

구분		계속기록법		실지재고조사법	
		차변	대변	차변	대변
1)	11/5				
2)	11/7				
3)	11/8				
4)	11/12				
5)	11/15				
6)	11/17				
7)	11/24				

05. [상품매매기업의 회계순환과정 종합]

다음은 상품매매업을 하는 ㈜부원상사의 20×1년 12월 31일 현재 수정전잔액시산표이다.

수정전잔액시산표

㈜부원상사 20×1년 1월 1일부터 12월 31일까지 (단위: 원)

차변 계정	금액	대변 계정	금액
현 금	15,600	매 입 채 무	11,000
매출채권	6,900	자 본 금	55,000
상 품	27,000	이익잉여금	19,000
소 모 품	12,400	상 품 매 출	112,300
토 지	30,000		
건 물	7,000		
매 입	79,000		
급 여	19,400		
합 계	197,300	합 계	197,300

1) 다음은 12월말 현재 결산수정사항이다. 결산수정분개를 하라.

(1) 12월 31일 현재 기말재고액은 ₩17,500이다.

• 상품계정으로부터 기초재고자산을 매출원가계정으로 대체

(차)	(대)

• 매입계정으로부터 당기매입액을 매출원가계정으로 대체

(차)	(대)

• 매출원가계정으로부터 기말재고액을 상품계정으로 대체

(차)	(대)

(2) 20×1년도분 건물에 대한 감가상각비는 ₩5,000이다.

(차)	(대)

(3) 당기분 급여 ₩3,400이 미지급되었다.

(차)	(대)

(4) 12월 31일 현재 소모품 미사용액은 ₩4,400이다.

(차)	(대)

2) 10위식 정산표를 작성하라.

정산표

㈜부원상사　　　　20×1년 1월 1일부터 12월 31일까지　　　　(단위: 원)

계정과목	수정전잔액시산표		수정분개		수정후잔액시산표		포괄손익계산서		재무상태표	
	차변	대변	차변	대변	차변	대변	차변	대변	차변	대변
합　계										
당기순이익(손실)										
합　계										

3) 포괄손익계산서를 작성하라.

포괄손익계산서

㈜부원상사 20×1년 1월 1일부터 12월 31일까지 (단위: 원)

구 분	금 액	
Ⅰ. 상품매출		
Ⅱ. 매출원가		
Ⅲ. 매출총이익		
Ⅳ. 판매비와 관리비		
Ⅴ. 당기순이익(손실)		
Ⅵ. 기타포괄손익		
Ⅶ. 총포괄이익(손실)		

4) 재무상태표를 작성하라.

재무상태표

㈜부원상사 20×1년 12월 31일 현재 (단위: 원)

계정과목	금 액	
자산		
자산총계		
부채		
자본		
부채와자본총계		

5) 요구사항 1)의 계정원장을 이용하여 손익계정을 마감하고, 마감분개를 하라.

(1) 마감분개

수익 계정	(차)	(대)

비용 계정	(차)	(대)

(2) 집합손익계정

집합손익

당기순이익의 대체 (또는 당기순순실)	(차)	(대)

6) 요구사항 1)과 5)의 계정원장을 이용하여 재무상태표계정을 마감하고, 계정잔액을 이월하라.

PART

2

계정별 회계처리

제 7 장 재고자산

EXERCISES

01. [판매가능재고자산원가 계산]

다음 자료를 이용하여 인제㈜의 20×1년도 판매가능재고자산원가를 계산하라.

당기매입	₩780,000	매입운임	₩50,000
매입환출	35,000	운송보험료	15,000
중개수수료	5,000	기말재고	260,000

• 판매가능재고자산원가 = 기초 재고액 + 당기매입액

기초재고자산	
(+) 당기매입액	
(=) 판매가능재고자산원가	₩

02. [재고자산 취득원가]

율하㈜는 표시가격이 ₩1,000,000인 상품을 2/30, n/60의 조건으로 구입하였다. 상품대금은 구입 후 20일째 되는 날 전액 지급하였으며, 상품 매입 시 매입운임 ₩50,000과 운반과정에서의 파손에 대비한 보험료 ₩120,000을 지급하였다. 율하㈜의 상품 취득원가는 얼마인가?

지출내역	금 액
취득원가	₩

03. [매출원가의 계산]

다음 자료를 이용하여 매출원가를 계산하라.

구 분	금 액	미착품*
기초재고	₩352,000	
당기매입	547,000	₩193,000
매입운임	55,000	15,000
매입환출	18,000	
판매운임	30,000	
기말재고	164,000	

* F.O.B 선적지인도기준으로 매입한 상품으로, 현재 운송 중에 있음.

• 매출원가 = 기초 재고액 + 당기매입액 - 기말 재고액	
기초재고자산	₩
(+) 당기매입액	
(-) 기말재고자산	
(=) **매출원가**	₩

04. [재구매조건부 판매의 회계처리]

인제㈜는 20×1년 4월 1일에 장부금액이 ₩520,000인 상품을 어방㈜에 ₩520,000에 양도하고, 2개월 후인 6월 1일에 ₩550,000에 재구매하기로 약정하였다. 이 거래는 형식은 판매 후 재구매이지만, 경제적 실질은 상품을 담보로 한 차입에 해당한다. 형식에 따른 회계처리와 실질에 따른 회계처리를 각각 하라.

형식에 따른 회계처리	경제적 실질에 따른 회계처리
(차) (대)	(차) (대)
형식에 따른 회계처리의 경우 ( )이 발생하지만, 경제적 실질에 따른 회계처리는 ( )가 발생한다.	

05. [재고자산 수량결정: 특수한 상황에서의 재고자산 포함 여부]

㈜삼방(결산일: 12/31)은 재고자산을 실지재고조사법에 따라 기록하고 있으며, 20×1년 12월 31일 회사의 회계담당자인 이대충 과장은 재고자산 실사를 통해 기말재고액이 ₩5,873,000임을 확인하였다. 그리고 20×1년 기말시점을 전후하여 발생한 추가적인 재고자산거래는 다음과 같다. 다음 사항들에 대한 20×1년도 기말재고자산 포함 여부와 그 이유를 설명하고, 20×1년 12월 31일 현재 ㈜삼방의 정확한 기말재고액을 구하라.

1) 12월 28일에 인도에 소재하는 INFACO로부터 F.O.B.도착지 인도조건으로 상품 ₩5,270,000을 매입하였다. INFACO는 동 상품을 12월 31일에 선적장소에 인도하고 매출송장을 ㈜삼방으로 발송하였다. 그리고 동 상품은 선적회사에 의해 12월 31일에 선적을 완료 후 운송이 시작되었으며, 20×2년 1월 8일에 목적지인 부산항에 도착할 예정이다.

기말재고자산 포함 여부와 포함해야 할 금액:	포함여부 (　　　)	금액 (₩　　　　　)
이유 →		

2) ㈜삼방은 상품의 판매촉진을 위해 시용판매를 병행하고 있으며, 12월 19일에 시용판매를 목적으로 고객들에게 발송한 상품은 총 ₩2,510,000(원가)이며, 이 중 12월 31일까지 매입의사표시를 표시하지 않은 상품의 금액은 ₩780,000(원가)이다.

기말재고자산 포함 여부와 포함해야 할 금액:	포함여부 (　　　)	금액 (₩　　　　　)
이유 →		

3) ㈜삼방은 12월 31일에 거래처와 5개월 후 재구매하는 조건으로 원가 ₩7,531,000(원가)의 상품을 ₩10,000,000에 판매하고, 대금을 즉시 현금으로 수취하였다.

기말재고자산 포함 여부와 포함해야 할 금액:	포함여부 (　　　)	금액 (₩　　　　　)
이유 →		

4) ㈜삼방은 상품을 지방에 있는 대리점에 위탁하여 판매하고 있으며, 12월 21일에 위탁판매를 위해 대리점에 발송한 제품은 총 ₩5,980,000(원가)이다. 이날 발송한 제품 중 50%가 판매되었다는 내용을 12월 29일에 통지받았고, 12월 30일에는 ₩3,510,000(원가)의 제품을 추가로 발송하고, 발송운임 ₩40,000을 현금으로 지급하였다.

기말재고자산 포함 여부와 포함해야 할 금액:	포함여부 (　　　)	금액 (₩　　　　　)
이유 →		

항　　목	금　　액
1)	₩
2)	
3)	
4)	
정확한 재고자산 금액	₩

06. [재고자산 기록방법]

유통업을 영위하는 ㈜인제의 20×1년 12월 중 상품 매매거래는 다음과 같다.

일자	거래유형	수량	단가	판매가격
12월 01일	전월이월	300개	@₩1,600	
06일	매 입	700개	1,630	
10일	매 출	(600개)	−	@₩1,810
18일	매 입	650개	1,650	
20일	매입환출*	(50개)	1,650	
27일	매 출	(550개)		1,960
29일	매 입	150개	1,680	

* 매입환출은 중요하지 않다.

1) 계속기록법과 실지재고조사법에 의한 기말재고액과 매출원가를 각각 계산하라. 단, 단위당 원가 계산 시 소숫점 이하는 반올림하라.

일자	거래유형	수량	단가	판매가격	매입금액	이동평균단가	이동평균법	총평균법	FIFO
12/1	전월이월	300	1,600						
06일	매 입	700	1,630						
10일	매 출	(600)	−	1,810					
18일	매 입	650	1,650						
20일	매입환출	(50)	1,650						
27일	매 출	(550)		1,960					
29일	매 입	150	1,680						
12/31	재고잔량	600				기말재고액			
판매가능수량									
판매가능원가									
총평균단가									
판매수량						매출원가			

2) 평균법을 적용할 경우, 실지재고조사법과 계속기록법에 의한 일자별 분개를 하라. 단, 매출과 매입거래는 모두 신용거래이며, 회계처리가 없을 경우는 반드시 '회계처리 없음'이라고 표시하라.

일자	실지재고조사법		계속기록법	
	차변	대변	차변	대변
12/06				
12/10				
12/18				
12/20				
12/27				
12/29				
12/31				

07. [재고자산의 수량 부족과 가격 하락]

12월 31일 현재 ㈜인제의 상품 구성 내역이 다음과 같다고 가정할 때, 재고자산 감모손실과 저가법에 의한 재고자산평가손실을 계산하고, 실지재고조사법과 계속기록법 하에서 필요한 수정분개를 하라. 단, 회계처리가 없을 경우는 반드시 '회계처리 없음'이라고 표시하라.

항목	단위당 취득원가	단위당 순실현가치	실지재고수량	장부수량
A항목*	₩1,900	₩1,950	1,000개	1,050개
B항목	1,610	1,450	1,750개	1,840개

* A항목의 수량 부족은 전액 정상 감모이며, B항목의 수량 부족은 전부 도난으로 확인됨.

1) 재고수량 부족 및 가격 하락에 따른 저가법 적용

수량 부족에 대한 회계처리 근거	가격 하락(저가법)에 따른 회계처리 근거
<a상품 근거> <b상품 근거>	<a상품 근거> <b상품 근거>
재고자산감모손실액 : ₩	재고자산평가손실액 : ₩

2) 분개

일자	실지재고조사법		계속기록법	
	차변	대변	차변	대변
감모손실				
평가손실				

08. [매출총이익률법]

다음은 덕방㈜의 재고관련 자료이다. 화재로 재고가 모두 소실되었다.

구 분	금 액
기초재고액	₩320,000
당기매입액	1,000,000
매 출 액	1,500,000

1) 매출총이익이 매출의 32%라고 가정하고 기말재고액을 구하라.

구 분	계산 근거	금 액
매출총이익		₩
매출원가		₩
기말재고액		₩

2) 매출총이익이 원가의 25%라고 가정하고 기말재고액을 구하라.

구 분	계산 근거	금 액
매출총이익		₩
매출원가		₩
기말재고액		₩

09. [소매재고법]

㈜어방백화점은 재고자산의 원가배분을 소매재고법을 적용해 오고 있다. 20×1년 12월의 상품과 관련된 자료는 다음과 같다.

구 분	취득원가	판매가격(매가)
기초재고액	₩3,500,000	₩4,375,000
당기매입액	12,300,000	20,000,000
당기매출액		17,595,000
인상액		350,000
인상취소액		80,000
인하액		120,000
인하취소액		70,000

1) 평균원가법을 적용하여 12월 31일의 기말재고액과 매출원가를 계산하라.

구 분	계산 근거	금 액
• 매가기준 기말재고액의 계산		₩
• 원가율 추정		%
• 원가기준 기말재고액의 계산		₩
• 매출원가 배분		₩

2) 선입선출법을 적용하여 12월 31일의 기말재고액과 매출원가를 계산하라.

구 분	계산 근거	금 액
• 매가기준 기말재고액의 계산		₩
• 원가율 추정		%
• 원가기순 기말재고액의 계산		₩
• 매출원가 배분		₩

제8장 유형자산과 무형자산

01. [토지의 취득원가]

효원㈜는 20×0년 7월 1일 경맥㈜로부터 토지를 취득하였다. 7월 1일 토지의 구입 가격은 ₩5,000,000이다. 토지를 구입하면서 중개수수료 ₩130,000, 배수로공사에 ₩200,000, 토지정지비용 ₩150,000, 취·등록세 ₩30,000, 진입도로비용 ₩250,000(사후유지 및 관리는 효원㈜의 책임)이다. 매도자의 미지급법인세를 부담하기로 약정한 금액이 ₩20,000이다. 토지의 취득원가를 계산하라.

토지의 취득원가 계산	
토지의 취득원가	₩

02. [기계장치의 취득원가]

효원㈜는 20×0년 1월 1일 기계장치를 취득하였다. 기계장치의 구입가액은 ₩2,500,000, 관세 ₩400,000, 관세환급금 ₩50,000, 설치원가 및 조립원가 ₩620,000, 기계장치와 관련하여 지급한 전문가수수료 ₩100,000이다. 기계장치의 취득원가를 계산하라.

기계장치 취득원가의 계산	
기계장치의 취득원가	₩

03. [일괄취득]

효원㈜는 경맥㈜로부터 토지, 건물, 기계장치를 일괄구입하여 취득하였다. 구입가격은 총 ₩650,000이다. 경맥㈜의 토지, 건물, 기계장치의 장부상 금액은 각각 ₩200,000, ₩370,000, ₩60,000이며, 토지, 건물 및 기계장치의 공정가치(시장가치)는 각각 ₩350,000, ₩500,000, ₩150,000이다. 효원㈜의 토지, 건물 및 기계장치의 취득원가를 계산하라.

토지, 건물, 기계장치의 취득원가 계산	
토지의 취득원가	₩
건물의 취득원가	₩
기계장치의 취득원가	₩

04. [현물출자]

효원㈜는 20×1년 1월 1일 현물출자로 토지를 취득하였다. 토지의 공정가치는 ₩3,500,000이며, 주당 공정가치가 ₩10,000(주당 액면가액은 ₩5,000)인 주식을 250주 발행하여 토지를 취득하였다. 20×1년 1월 1일 거래를 분개하라.

• 20×1년 1월 1일 회계처리

(차)	(대)

05. [장기연불조건]

효원㈜는 20×1년 1월 초 토지를 ₩3,000,000에 취득하면서 대금은 매년 12월 말에 3년간 ₩1,000,000씩을 지급하기로 하였다. 토지 취득일 현재 유효이자율은 12%이다. 토지 취득일의 분개를 하라. 다음은 현재가치계수표이다.

	기간말 단일금액 ₩1의 현재가치		정상연금 ₩1의 현재가치	
할인율 / 기간	8%	12%	8%	12%
1	0.9259	0.8929	0.9259	0.8929
2	0.8573	0.7972	1.7833	1.6901
3	0.7938	0.7118	2.5771	2.4018

토지의 취득원가 계산

• 20×1년 1월 1일 회계처리

(차)	(대)

06. [교환]

효원㈜는 20×1년 7월 1일 장부금액 ₩72,000원(취득원가 ₩120,000, 감가상각누계액 ₩48,000), 공정가치 ₩95,000인 건물 A와 경맥㈜의 장부금액 ₩80,000(취득원가 ₩100,000, 감가상각누계액, ₩20,000), 공정가치 ₩77,000인 건물 B와 교환하였다. 동 교환거래는 상업적 실질이 있다.

1) 효원㈜의 20×1년 7월 1일의 분개를 하라(효원㈜의 공정가치가 신뢰성 있음).

(차)	(대)

2) 경맥㈜의 20×1년 7월 1일의 분개를 하라(경맥㈜의 공정가치가 신뢰성 있음).

(차)	(대)

07. [감가상각방법: 정액법]

한국㈜는 20×1년 1월 1일 기계장치를 ₩1,000,000에 현금으로 취득하였으며, 기계장치의 내용연수는 5년이며 잔존가치는 없다(12월 결산법인).

1) 정액법에 따른 연도별 회계처리를 하라.

- 연도별 감가상각비의 계산

(단위: 원)

연도	취득가액	잔존가치	감가상각 대상금액	상각률	감가상각비	감가상각 누계액	기말 장부금액
20×1말							
20×2말							
20×3말							
20×4말							
20×5말							
계							

- 연도별 회계처리

20×1 기말	(차)	(대)
20×2 기말	(차)	(대)
20×3 기말	(차)	(대)
20×4 기말	(차)	(대)
20×5 기말	(차)	(대)

2) 정액법에 따른 연도별 기말의 부분재무상태표 및 부분포괄손익계산서를 제시하라.

- 20×1 기말

(부분)재무상태표

한국㈜	20×1년 12월 31일 현재		(단위: 원)
자산		부채	
:			
유형자산			
:			
기계장치			
감가상각누계액		자본	
:			
자산총계		부채와자본총계	

(부분)포괄손익계산서

한국㈜ 20×1년 1월 1일부터 20×1년 12월 31일까지	(단위: 원)
:	
감가상각비	
:	
당기순이익	
기타포괄손익	
총포괄이익	

• 20×2 기말

(부분)재무상태표

한국㈜ 20×2년 12월 31일 현재 (단위: 원)

자산		부채	
:			
유형자산			
:			
기계장치			
감가상각누계액		자본	
:			
자산총계		부채와자본총계	

(부분)포괄손익계산서

한국㈜ 20×2년 1월 1일부터 20×2년 12월 31일까지 (단위: 원)

:	
감가상각비	
:	
당기순이익	
기타포괄손익	
총포괄이익	

• 20×3 기말

(부분)재무상태표

한국(주)	20×3년 12월 31일 현재		(단위: 원)
자산		부채	
:			
유형자산			
:			
기계장치			
감가상각누계액		자본	
:			
자산총계		부채와자본총계	

(부분)포괄손익계산서

한국(주)	20×3년 1월 1일부터 20×3년 12월 31일까지	(단위: 원)
:		
감가상각비		
:		
당기순이익		
기타포괄손익		
총포괄이익		

- 20×4 기말

(부분)재무상태표

한국㈜	20×4년 12월 31일 현재		(단위: 원)
자산		부채	
:			
유형자산			
:			
기계장치			
감가상각누계액		자본	
:			
자산총계		부채와자본총계	

(부분)포괄손익계산서

한국㈜ 20×4년 1월 1일부터 20×4년 12월 31일까지	(단위: 원)
:	
감가상각비	
:	
당기순이익	
기타포괄손익	
총포괄이익	

• 20×5 기말

(부분)재무상태표

한국㈜	20×5년 12월 31일 현재		(단위: 원)
자산		부채	
:			
유형자산			
:			
기계장치			
감가상각누계액		자본	
:			
자산총계		부채와자본총계	

(부분)포괄손익계산서

한국㈜ 20×5년 1월 1일부터 20×5년 12월 31일까지	(단위: 원)
:	
감가상각비	
:	
당기순이익	
기타포괄손익	
총포괄이익	

08. [감가상각방법: 연수합계법]

한국㈜는 20×1년 1월 1일 기계장치를 ₩4,500,000에 현금으로 취득하였으며, 기계장치의 내용연수는 3년이며 잔존가치는 없다(12월 결산법인).

1) 연수합계법에 따른 연도별 회계처리를 하라.

- 연도별 감가상각비의 계산

(단위: 원)

연도	취득가액	잔존가치	감가상각 대상금액	상각률	감가상각비	감가상각 누계액	기말 장부금액
20×1말							
20×2말							
20×3말							
계							

- 연도별 회계처리

20×1 기말	(차)	(대)
20×2 기말	(차)	(대)
20×3 기말	(차)	(대)

2) 연수합계법에 따른 연도별 기말의 부분재무상태표 및 부분포괄손익계산서를 제시하라.

- 20×1 기말

(부분)재무상태표

한국㈜	20×1년 12월 31일 현재		(단위: 원)
자산		부채	
:			
유형자산			
:			
기계장치			
감가상각누계액		자본	
:			
자산총계		부채와자본총계	

(부분)포괄손익계산서

한국㈜ 20×1년 1월 1일부터 20×1년 12월 31일까지	(단위: 원)
:	
감가상각비	
:	
당기순이익	
기타포괄손익	
총포괄이익	

• 20×2 기말

(부분)재무상태표

한국㈜	20×2년 12월 31일 현재		(단위: 원)
자산		부채	
:			
유형자산			
:			
기계장치			
감가상각누계액		자본	
:			
자산총계		부채와자본총계	

(부분)포괄손익계산서

한국㈜	20×2년 1월 1일부터 20×2년 12월 31일까지	(단위: 원)
:		
감가상각비		
:		
당기순이익		
기타포괄손익		
총포괄이익		

- 20×3 기말

(부분)재무상태표

한국㈜ 20×3년 12월 31일 현재 (단위: 원)

자산		부채	
:			
유형자산			
:			
기계장치			
감가상각누계액		자본	
:			
자산총계		부채와자본총계	

(부분)포괄손익계산서

한국㈜ 20×3년 1월 1일부터 20×3년 12월 31일까지 (단위: 원)

:	
감가상각비	
:	
당기순이익	
기타포괄손익	
총포괄이익	

09. [감가상각방법: 생산량비례법]

한국㈜는 20×1년 1월 1일 복사기를 ₩2,000,000에 현금으로 취득하였으며, 기계장치의 내용연수는 3년이며 잔존가치는 ₩150,000이다. 이 복사기의 예상 사용량은 500,000장으로 추정된다. 실제로 20×1년에 300,000장을 복사했으며, 20×2년에는 150,000장, 20×3년에는 50,000장을 복사하였다(12월 결산법인).

1) 생산량비례법에 따른 연도별 회계처리를 하라.

• 연도별 감가상각비의 계산

(단위: 원)

연도	취득가액	잔존가치	감가상각 대상금액	상각률	감가상각비	감가상각 누계액	기말 장부금액
20×1말							
20×2말							
20×3말							
계							

• 연도별 회계처리

20×1 기말	(차)	(대)
20×2 기말	(차)	(대)
20×3 기말	(차)	(대)

2) 생산량비례법에 따른 연도별 기말의 부분재무상태표 및 부분포괄손익계산서를 제시하라.

- 20×1 기말

(부분)재무상태표

한국㈜	20×1년 12월 31일 현재		(단위: 원)
자산		부채	
:			
유형자산			
:			
기계장치			
감가상각누계액		자본	
:			
자산총계		부채와자본총계	

(부분)포괄손익계산서

한국㈜	20×1년 1월 1일부터 20×1년 12월 31일까지	(단위: 원)
:		
감가상각비		
:		
당기순이익		
기타포괄손익		
총포괄이익		

• 20×2 기말

(부분)재무상태표

한국㈜	20×2년 12월 31일 현재		(단위: 원)
자산		부채	
:			
유형자산			
:			
기계장치			
감가상각누계액		자본	
:			
자산총계		부채와자본총계	

(부분)포괄손익계산서

한국㈜ 20×2년 1월 1일부터 20×2년 12월 31일까지	(단위: 원)
:	
감가상각비	
:	
당기순이익	
기타포괄손익	
총포괄이익	

- 20×3 기말

(부분)재무상태표

한국㈜	20×3년 12월 31일 현재		(단위: 원)
자산		부채	
:			
유형자산			
:			
기계장치			
감가상각누계액		자본	
:			
자산총계		부채와자본총계	

(부분)포괄손익계산서

한국㈜	20×3년 1월 1일부터 20×3년 12월 31일까지	(단위: 원)
:		
감가상각비		
:		
당기순이익		
기타포괄손익		
총포괄이익		

10. [감가상각방법: 정률법]

한국㈜는 20×1년 1월 1일 기계장치를 ₩5,000,000에 현금으로 취득하였으며, 기계장치의 내용연수는 3년이며 잔존가치는 ₩500,000이다. 정률법을 적용할 때 상각률은 0.536이다(12월 결산법인).

1) 정률법에 따른 연도별 회계처리를 하라.

• 연도별 감가상각비의 계산

(단위: 원)

연도	기초장부금액	상각률	감가상각비	감가상각누계액	기말장부금액
20×1말					
20×2말					
20×3말					
계					

• 연도별 회계처리

20×1 기말	(차)	(대)
20×2 기말	(차)	(대)
20×3 기말	(차)	(대)

2) 정률법에 따른 연도별 기말의 부분재무상태표 및 부분포괄손익계산서를 제시하라.

- 20×1 기말

(부분)재무상태표

한국㈜	20×1년 12월 31일 현재		(단위: 원)
자산		부채	
:			
유형자산			
:			
기계장치			
감가상각누계액		자본	
:			
자산총계		부채와자본총계	

(부분)포괄손익계산서

한국㈜ 20×1년 1월 1일부터 20×1년 12월 31일까지	(단위: 원)
:	
감가상각비	
:	
당기순이익	
기타포괄손익	
총포괄이익	

- 20×2 기말

(부분)재무상태표

한국㈜	20×2년 12월 31일 현재		(단위: 원)
자산		부채	
:			
유형자산			
:			
기계장치			
감가상각누계액		자본	
:			
자산총계		부채와자본총계	

(부분)포괄손익계산서

한국㈜ 20×2년 1월 1일부터 20×2년 12월 31일까지	(단위: 원)
:	
감가상각비	
:	
당기순이익	
기타포괄손익	
총포괄이익	

- 20×3 기말

(부분)재무상태표

한국㈜	20×3년 12월 31일 현재		(단위: 원)
자산		부채	
:			
유형자산			
:			
기계장치			
감가상각누계액		자본	
:			
자산총계		부채와자본총계	

(부분)포괄손익계산서

한국㈜ 20×3년 1월 1일부터 20×3년 12월 31일까지	(단위: 원)
:	
감가상각비	
:	
당기순이익	
기타포괄손익	
총포괄이익	

11. [감가상각방법: 이중체감법]

한국㈜는 20×1년 1월 1일 기계장치를 ₩4,500,000에 현금으로 취득하였으며, 기계장치의 내용연수는 3년이며 잔존가치는 ₩200,000이다(12월 결산법인).

1) 이중체감법에 따른 연도별 회계처리를 하라.

- 연도별 감가상각비의 계산

(단위: 원)

연도	기초장부금액	상각률	감가상각비	감가상각누계액	기말장부금액
20×1말					
20×2말					
20×3말					
계					

- 연도별 회계처리

20×1 기말	(차)	(대)
20×2 기말	(차)	(대)
20×3 기말	(차)	(대)

2) 이중체감법에 따른 연도별 기말의 부분재무상태표 및 부분포괄손익계산서를 제시하라.

- 20×1 기말

(부분)재무상태표

한국㈜	20×1년 12월 31일 현재		(단위: 원)
자산		부채	
:			
유형자산			
:			
기계장치			
감가상각누계액		자본	
:			
자산총계		부채와자본총계	

(부분)포괄손익계산서

한국㈜ 20×1년 1월 1일부터 20×1년 12월 31일까지	(단위: 원)
:	
감가상각비	
:	
당기순이익	
기타포괄손익	
총포괄이익	

- 20×2 기말

(부분)재무상태표

한국㈜	20×2년 12월 31일 현재		(단위: 원)
자산		부채	
:			
유형자산			
:			
기계장치			
감가상각누계액		자본	
:			
자산총계		부채와자본총계	

(부분)포괄손익계산서

한국㈜ 20×2년 1월 1일부터 20×2년 12월 31일까지	(단위: 원)
:	
감가상각비	
:	
당기순이익	
기타포괄손익	
총포괄이익	

• 20×3 기말

(부분)재무상태표

한국㈜	20×3년 12월 31일 현재		(단위: 원)
자산		부채	
:			
유형자산			
:			
기계장치			
감가상각누계액		자본	
:			
자산총계		부채와자본총계	

(부분)포괄손익계산서

한국㈜ 20×3년 1월 1일부터 20×3년 12월 31일까지 (단위: 원)	
:	
감가상각비	
:	
당기순이익	
기타포괄손익	
총포괄이익	

12. [감가상각: 종합]

효원㈜는 20×6년 1월 1일 생산성 향상을 위해 새로운 기계장치를 구입하였다. 이 기계는 5년간 사용할 수 있을 것으로 추정된다. 구입가격은 ₩6,200,000이며, 잔존가치는 ₩200,000이다. 단, 효원㈜는 12월 말 결산법인이다. 효원㈜가 다음의 감가상각방법을 채택하고 있다고 가정할 경우, 20×7년 말의 감가상각과 관련한 회계처리를 하라.

1) 정액법을 채택하였을 경우

• 감가상각비의 계산

• 20×7년 12월 31일 회계처리

(차)	(대)

2) 연수합계법을 채택하였을 경우

• 감가상각비의 계산

• 20×7년 12월 31일 회계처리

(차)	(대)

3) 이중체감법을 채택하였을 경우

• 감가상각비의 계산

• 20×7년 12월 31일 회계처리

(차)	(대)

13. [기중감가상각]

효원㈜는 20×0년 10월 1일 생산성 향상을 위해 새로운 기계장치를 구입하였다. 이 기계는 10년간 사용할 수 있을 것으로 추정된다. 구입가격은 ₩1,250,000이며, 잔존가치는 ₩50,000이다. 효원㈜는 감가상각방법으로 정액법을 선택하고 있다. 단, 효원㈜는 12월 말 결산법인이다. 20×0년 12월 31일의 회계처리를 하라.

• 감가상각비의 계산

• 20×0년 12월 31일 회계처리

(차)	(대)

14. [후속원가]

효원㈜는 2018년 1월 1일 취득원가 ₩350,000인 기계장치를 취득하였다. 기계장치의 내용연수는 5년, 잔존가치는 없으며, 감가상각방법은 정액법을 선택하였다. 2020년 1월 1일에 기계장치의 성능을 개선하기 위하여 ₩90,000의 부품을 현금으로 구입하였다. 부품을 부착한 이후에 기계장치의 내용연수와 잔존가치는 동일하다. 이 기계 부품의 사용으로 인하여 생산량이 크게 증가하였다. 또한, 2020년 1월 1일에 기계를 수선하는 데 ₩7,000을 현금으로 지출하였다. 단, 효원㈜는 12월 말 결산법인이다. 2020년 1월 1일의 분개를 하라.

(차)	(대)

15. [유형자산처분]

결산일이 12월 31일인 효원㈜는 2015년 1월 1일에 취득원가 ₩7,500,000인 기계장치를 취득하였다. 기계장치의 내용연수는 4년, 잔존가치는 ₩500,000으로 추정된다. 효원㈜는 감가상각방법으로 정액법을 선택하였다. 효원㈜는 이 기계를 2017년 4월 1일에 현금 ₩3,200,000을 받고 매각하였다. 2017년 4월 1일 분개를 하라.

• 처분일까지의 감가상각비 계산

• 2017년 4월 1일 회계처리

(차)	(대)

16. [영업권]

정보통신업체인 경맥㈜는 수직적 통합으로 인한 시너지효과를 기대하면서 휴대용전화기 부품 제조회사인 효원㈜를 20×1년 1월 1일 흡수합병하기로 하고 합병계약을 체결하였다. 다음은 합병과 관련된 자료이다.

재무상태표

경맥㈜ 20×1년 1월 1일 현재 (단위: 원)

자산		부채	
현 금	558,000	매입채무	7,000
매출채권	12,000	미지급비용	205,000
토 지	89,000	차입금	120,000
건 물	123,000	미지급금	40,000
개발비	95,000	장기차입금	55,000
투자부동산	150,000	자본	
임차권리금	50,000	자본금	250,000
		자본잉여금	170,000
		이익잉여금	230,000
자산총계	1,077,000	부채와자본총계	1,077,000

재무상태표

효원㈜ 20×1년 1월 1일 현재 (단위: 원)

자산		부채	
현 금	88,000	매입채무	100,000
매출채권	125,000	미지급비용	46,000
건 물	300,000	차입금	500,000
토 지	13,000	자본	
기계장치	337,000	자본금	50,000
특허권	5,000	자본잉여금	120,000
		이익잉여금	52,000
자산총계	868,000	부채와자본총계	868,000

합병일 현재 효원㈜의 토지, 건물, 기계장치의 공정가치는 각각 ₩20,000, ₩350,000, ₩400,000이며, 그 이외의 자산이나 부채의 공정가치는 장부금액과 일치한다. 경맥㈜는 효원㈜를 합병하는 대가로 현금 ₩370,000을 지급하였다.

1) 영업권을 계산하라.

• 각 자산 및 부채의 취득원가 계산 1. 자산 및 부채의 취득원가   2. 영업권의 계산 : 합병대가 − 취득 순자산

2) 사업결합일의 회계처리를 하라.

(차)	(대)

3) 사업결합일 경맥㈜의 재무상태표를 제시하라.

재무상태표

경맥㈜ 20×1년 1월 1일 현재 (단위: 원)

자산	부채
	자본
자산총계	부채와자본총계

제 9 장 금융자산

01. [FVPL금융자산(채무증권) Ⅰ]

한국㈜는 20×1년 1월 1일 민국㈜가 발행한 사채를 현금 취득하였다. 사채의 발행 조건은 다음과 같다.

- 액면금액 ₩1,000,000
- 액면이자율 10%
- 발행일 20×1년 1월 1일
- 만기 3년
- 이자 지급일은 매년 12월 31일
- 유효이자율(시장이자율) 12%

한국㈜는 동 사채를 FVPL금융자산으로 분류하였다. 사채 취득일의 회계처리를 하라.

• 사채 취득원가의 계산

• 회계처리

(차)	(대)

02. [FVPL금융자산(채무증권) Ⅱ]

한국㈜는 20×1년 1월 1일 민국㈜가 발행한 사채를 현금 취득하였다. 사채의 발행 조건은 다음과 같다.

- 액면금액 ₩2,000,000
- 액면이자율 3%
- 발행일 20×1년 1월 1일
- 만기 3년
- 이자 지급일은 매년 12월 31일
- 유효이자율(시장이자율) 12%

한국㈜는 동 사채를 FVPL금융자산으로 분류하였다. 사채 취득일의 회계처리를 하라.

• 사채 취득원가의 계산

• 회계처리

(차)	(대)

03. [FVPL금융자산(채무증권) Ⅲ]

한국㈜는 20×1년 1월 1일 민국㈜가 발행한 사채를 현금 취득하였다. 사채의 발행 조건은 다음과 같다.

- 액면금액 ₩500,000
- 액면이자율 1.5%
- 발행일 20×1년 1월 1일
- 만기 3년
- 이자 지급일은 매년 12월 31일
- 유효이자율(시장이자율) 4%

한국㈜는 동 사채를 FVPL금융자산으로 분류하였다. 사채 취득일의 회계처리를 하라.

• 사채 취득원가의 계산

• 회계처리

(차)	(대)

04. [FVPL금융자산(채무증권) Ⅳ]

한국㈜는 [문제 1]의 사채를 20×1년 12월 31일에 보유하고 있다. 동 일자의 민국㈜의 공정가치는 ₩970,000이다. 한국㈜의 20×1년 12월 31일의 회계처리를 하라.

• 평가손익의 계산

• 회계처리

(차)	(대)

05. [FVPL금융자산(채무증권) Ⅴ]

한국㈜는 [문제 2]의 사채를 20×1년 12월 31일에 보유하고 있다. 동 일자의 민국㈜의 공정가치는 ₩1,400,000이다. 한국㈜의 20×1년 12월 31일의 회계처리를 하라.

• 평가손익의 계산

• 회계처리

(차)	(대)

06. [FVPL금융자산(채무증권) Ⅵ]

한국㈜는 [문제 3]의 사채를 20×1년 12월 31일에 보유하고 있다. 동 일자의 민국㈜의 공정가치는 ₩480,000이다. 한국㈜의 20×1년 12월 31일의 회계처리를 하라.

• 평가손익의 계산

• 회계처리

(차)	(대)

07. [FVPL금융자산(채무증권) Ⅶ]

한국㈜는 20×1년 4월 1일에 민국㈜의 사채(액면금액 ₩1,000,000, 액면이자율 10%, 발행일 20×1년 1월 1일, 만기 3년, 이자 지급일 매년 12월 31일)를 타인 A(A는 20×1년 1월 1일 사채를 매입하였으며, 3개월간 보유함)로부터 매입하였다. 20×1년 4월 1일 채권시장에서의 민국㈜ 사채의 공정가치는 ₩950,000이며, 수수료비용은 ₩2,000이다. 한국㈜는 동 사채를 FVPL금융자산으로 분류하였다. 한국㈜는 20×1년 6월 30일에 동 사채를 액면이자를 포함하여 ₩1,017,000에 현금 매각하였다. 거래수수료는 없었으며, 이자는 월할 계산한다.

1) 한국㈜의 취득일의 회계처리를 하라.

• 사채 취득원가의 계산

• 회계처리

(차)	(대)

2) 한국㈜의 처분일의 회계처리를 하라.

• 처분손익의 계산

• 회계처리

(차)	(대)

08. [FVPL금융자산(채무증권) Ⅷ]

한국㈜는 20×1년 3월 1일에 민국㈜의 사채(액면금액 ₩1,000,000, 액면이자율 12%, 발행일 20×1년 1월 1일, 만기 5년, 이자 지급일 매년 12월 31일)를 타인 A(A는 20×1년 1월 1일 사채를 매입하였으며 2개월간 보유함)로부터 매입하였다. 20×1년 3월 1일 채권시장에서의 민국㈜ 사채의 공정가치는 ₩930,000이며, 수수료비용은 ₩1,000이다. 한국㈜는 동 사채를 FVPL금융자산으로 분류하였다. 한국㈜는 20×1년 8월 1일에 동 사채를 액면이자를 포함하여 ₩965,000을 수취하고 매각하였다. 거래수수료는 없었으며, 이자는 월할 계산한다.

1) 한국㈜의 취득일의 회계처리를 하라.

• 사채 취득원가의 계산

• 회계처리

(차)	(대)

2) 한국㈜의 처분일의 회계처리를 하라.

• 처분손익의 계산

• 회계처리

(차)	(대)

09. [FVPL금융자산(지분증권) Ⅰ]

한국㈜는 20×1년 9월 1일에 민국㈜가 발행한 주식(액면금액 ₩100) 2,000주를 매입하기로 계약을 체결하였다. 매매일의 민국㈜ 주식의 주당 공정가치는 ₩3,000이며, 거래수수료 ₩3,000은 현금으로 지급하였다. 한국㈜는 20×1년 9월 3일에 주식대금을 현금으로 결제하였다. 민국㈜ 주식의 20×1년 12월 31일 공정가치는 주당 ₩3,300이며 민국㈜는 한국㈜에게 20×1년 12월 31일 배당을 결의하고 현금 ₩20,000을 지급하였다. 또한 한국㈜는 20×2년 1월 31일에 민국㈜ 주식 전부를 주당 ₩2,700에 처분하였다. 처분수수료는 ₩1,000이다. 한국㈜의 지분증권 인식일은 매매일이며, 한국㈜의 결산일은 12월 31일이다.

1) 한국㈜의 취득일, 결제일, 20×1년 기말 및 처분일의 회계처리를 하라.

(1) 취득일

• 취득원가의 계산

• 회계처리

(차)	(대)

(2) 결제일

(차)	(대)

(3) 20×1년 기말

• 평가손익의 계산

• 회계처리

(차)	(대)

(4) 처분일

• 처분손익의 계산

• 회계처리

(차)	(대)

2) 한국㈜의 20×1년 12월 31일의 부분재무상태표와 부분포괄손익계산서를 작성하라.

(부분)재무상태표

한국㈜	20×1년 12월 31일 현재		(단위: 원)
자산		부채	
		자본	
자산총계		부채와자본총계	

(부분)포괄손익계산서

한국㈜	20×1년 1월 1일부터 20×1년 12월 31일까지	(단위: 원)
당기순이익		
기타포괄손익		
총포괄이익		

10. [FVPL금융자산(지분증권) Ⅱ]

20×1년에 한국㈜는 대한㈜, 민국㈜ 및 서울㈜의 주식을 취득하여 보유하고 있다. 20×1년 기말의 장부금액 및 기말의 공정가치는 다음과 같다. 한국㈜는 이들 주식 모두를 FVPL금융자산으로 분류하고 있다.

	주식수	액면금액	장부금액(주당)	기말공정가치(주당)
대한㈜ 보통주	50	₩100	₩12,500	₩10,500
민국㈜ 보통주	70	100	32,000	29,000
서울㈜ 보통주	10	100	85,000	86,000
합계	130			

1) 한국㈜가 20×1년 기말에 총액기준으로 주식을 평가한 후, 필요한 회계처리를 하라.

• 주식 평가 내역

• 회계처리

(차)	(대)

2) 한국㈜는 20×2년 1월 31일에 민국㈜ 주식 70주 중 20주를 처분하였다. 처분 시 민국㈜ 주식의 주당 공정가치는 ₩35,000이다. 또한 동 일자에 한국㈜는 서울㈜ 주식 중 5주를 주당 ₩83,000에 처분하였다. 처분일에 필요한 분개를 하라.

• 처분손익의 계산

• 회계처리

(차)	(대)

3) 20×2년 1월 31일 처분 직후의 부분재무상태표를 제시하시오.

(부분)재무상태표

한국㈜	20×2년 1월 31일 현재		(단위: 원)
자산		부채	
		자본	
자산총계		부채와자본총계	

11. [AC금융자산(채무증권) Ⅰ]

한국㈜는 20×1년 1월 1일에 민국㈜가 발행한 사채(액면금액 ₩1,000,000, 액면이자율 8%, 발행일 20×1년 1월 1일, 만기 3년, 이자 지급일 매년 12월 31일)를 현금으로 매입하였다. 매입일의 시장이자율(유효이자율)은 12%이었다. 수수료비용은 없었다. 한국㈜는 이 사채를 AC금융자산으로 분류하였으며, 한국㈜의 결산일은 12월 31일이다. 단, 화폐의 시간가치계수표는 다음과 같다.

	기간말 단일금액 1원의 현재가치		정상연금 1원의 현재가치	
기간 \ 할인율	8%	12%	8%	12%
1	0.92593	0.89286	0.92593	0.89286
2	0.85734	0.79719	1.78327	1.69005
3	0.79383	0.71178	2.57710	2.40183

1) 한국㈜의 취득일의 취득원가를 결정하라.

취득원가의 계산

2) 유효이자율법에 의한 장부금액조정표를 제시하라.

일자	유효이자 (12%)	액면이자 (8%)	증가액 (유효이자－액면이자)	장부금액 (현재가치)
20×1년 초				
20×1년 말				
20×2년 말				
20×3년 말				
계				

3) 한국㈜의 취득일부터 채권의 만기 수취까지 필요한 분개를 하라.

- 20×1년 초

(차)	(대)

- 20×1년 말

(차)	(대)

- 20×2년 말

(차)	(대)

- 20×3년 말

(차)	(대)

(차)	(대)

4) 한국㈜의 20×1년 초, 20×1년 말, 20×2년 말, 만기 수취 전의 20×3년 말의 부분재무상태표와 부분포괄손익계산서를 작성하라(현금계정 제외).

- 20×1년 초

(부분)재무상태표

한국㈜ 20×1년 1월 1일 현재 (단위: 원)

자산		부채	
		자본	
자산총계		부채와자본총계	

- 20×1년 말

(부분)재무상태표

한국㈜	20×1년 12월 31일 현재		(단위: 원)
자산		부채	
		자본	
자산총계		부채와자본총계	

(부분)포괄손익계산서

한국㈜	20×1년 1월 1일부터 20×1년 12월 31일까지	(단위: 원)
당기순이익		
기타포괄손익		
총포괄이익		

• 20×2년 말

(부분)재무상태표

한국㈜	20×2년 12월 31일 현재	(단위: 원)
자산		부채
		자본
자산총계		부채와자본총계

(부분)포괄손익계산서

한국㈜	20×2년 1월 1일부터 20×2년 12월 31일까지	(단위: 원)
당기순이익		
기타포괄손익		
총포괄이익		

• 20×3년 말

(부분)재무상태표

한국㈜	20×3년 12월 31일 현재		(단위: 원)
자산		부채	
		자본	
자산총계		부채와자본총계	

(부분)포괄손익계산서

한국㈜ 20×3년 1월 1일부터 20×3년 12월 31일까지	(단위: 원)
당기순이익	
기타포괄손익	
총포괄이익	

12. [AC금융자산(채무증권) Ⅱ]

한국㈜는 20×1년 1월 1일에 민국㈜가 발행한 사채(액면금액 ₩1,000,000, 액면이자율 1.5%, 발행일 20×1년 1월 1일, 만기 3년, 이자 지급일 매년 12월 31일)를 현금으로 매입하였다. 매입일의 시장이자율(유효이자율)은 5%이었다. 수수료 비용은 없었다. 한국㈜는 이 사채를 AC금융자산으로 분류하였으며, 한국㈜의 결산일은 12월 31일이다. 단, 화폐의 시간가치계수표는 다음과 같다.

	기간말 단일금액 1원의 현재가치		정상연금 1원의 현재가치	
기간 \ 할인율	1.5%	5%	1.5%	5%
1	0.98522	0.95238	0.98522	0.95238
2	0.97066	0.90703	1.95588	1.85941
3	0.95632	0.86384	2.91220	2.72325

1) 한국㈜의 취득일의 취득원가를 결정하라.

취득원가의 계산

2) 유효이자율법에 의한 장부금액조정표를 제시하라.

일자	유효이자 ( )%	액면이자 ( )%	증가액 (유효이자－액면이자)	장부금액 (현재가치)
20×1년 초				
20×1년 말				
20×2년 말				
20×3년 말				
계				

3) 한국㈜의 취득일부터 채권의 만기 수취까지 필요한 분개를 하라.

• 20×1년 초

(차)	(대)

• 20×1년 말

(차)	(대)

• 20×2년 말

(차)	(대)

• 20×3년 말

(차)	(대)

(차)	(대)

4) 한국㈜의 20×1년 초, 20×1년 말, 20×2년 말, 만기 수취 전의 20×3년 말의 부분재무상태표와 부분포괄손익계산서를 작성하라(현금계정 제외).

- 20×1년 초

(부분)재무상태표

한국㈜		20×1년 1월 1일 현재	(단위: 원)
자산		부채	
		자본	
자산총계		부채와자본총계	

• 20×1년 말

(부분)재무상태표

한국㈜	20×1년 12월 31일 현재		(단위: 원)
자산		부채	
		자본	
자산총계		부채와자본총계	

(부분)포괄손익계산서

한국㈜	20×1년 1월 1일부터 20×1년 12월 31일까지	(단위: 원)
당기순이익		
기타포괄손익		
총포괄이익		

• 20×2년 말

(부분)재무상태표

한국㈜	20×2년 12월 31일 현재		(단위: 원)
자산		부채	
		자본	
자산총계		부채와자본총계	

(부분)포괄손익계산서

한국㈜ 20×2년 1월 1일부터 20×2년 12월 31일까지	(단위: 원)
당기순이익	
기타포괄손익	
총포괄이익	

- 20×3년 말

(부분)재무상태표

한국㈜	20×3년 12월 31일 현재		(단위: 원)
자산		부채	
		자본	
자산총계		부채와자본총계	

(부분)포괄손익계산서

한국㈜ 20×3년 1월 1일부터 20×3년 12월 31일까지	(단위: 원)
당기순이익	
기타포괄손익	
총포괄이익	

제 10 장 **금융부채**

EXERCISES

01. [사채 할인발행]

한국㈜는 20×1년 1월 1일에 액면금액 ₩1,000,000, 액면이자율 1.5%, 만기 3년인 사채를 발행하였다. 이자는 매 회계연도 말에 지급한다. 한국㈜의 사채발행일에 유효이자율은 3%이며, 사채발행비는 없다. 한국㈜의 결산일은 12월 31일이다.

1) 한국㈜의 사채 발행금액을 결정하라.

사채의 발행금액 계산 - 액면금액의 현재가치 ₩ - 이자의 현재가치 ₩

2) 발행일의 회계처리를 하라(총액법).

(차)	(대)

02. [사채 액면발행]

민국㈜는 20×1년 1월 1일에 액면금액 ₩1,000,000, 액면이자율 9%, 만기 4년인 사채를 발행하였다. 이자는 매 회계연도 말에 지급한다. 민국㈜의 사채발행일에 유효이자율은 9%이며, 사채발행비는 없다. 민국㈜의 결산일은 12월 31일이다.

1) 사채의 발행금액을 결정하라.

사채의 발행금액 계산 - 액면금액의 현재가치 ₩ - 이자의 현재가치 ₩

2) 발행일의 회계처리를 하라(총액법).

(차)	(대)

03. [사채 할증발행]

서울㈜는 20×1년 1월 1일에 액면금액 ₩1,500,000, 액면이자율 8%, 만기 5년인 사채를 발행하였다. 이자는 매 회계연도 말에 지급한다. 서울㈜의 사채발행일에 유효이자율은 7%이며, 사채발행비는 없다. 서울㈜의 결산일은 12월 31일이다.

1) 서울㈜의 사채 발행금액을 결정하라.

사채의 발행금액 계산
- 액면금액의 현재가치 ₩
- 이자의 현재가치 ₩

2) 발행일의 회계처리를 하라(총액법).

(차)	(대)

04. [사채 할인발행과 이자인식]

[문제 1]의 자료와 발행가액에 기초하여 다음의 물음에 답하시오.

1) 사채할인발행차금 상각표를 제시하라.

일자	유효이자 (3%)	액면이자 (1.5%)	차감액 (유효이자-액면이자)	장부금액 (현재가치)
20×1년 초				
20×1년 말				
20×2년 말				
20×3년 말				
계				

2) 각 연도별 회계처리를 하라(총액법).

- 20×1년 말

(차)	(대)

- 20×2년 말

(차)	(대)

- 20×3년 말

(차)	(대)

3) 각 연도별 부분재무상태표와 부분포괄손익계산서를 제시하라(상환 직전일 부분재무제표).

- 20×1년 초

(부분)재무상태표

한국㈜	20×1년 1월 1일 현재		(단위: 원)
자산		부채	
		자본	
자산총계		부채와자본총계	

• 20×1년 말

(부분)재무상태표

한국㈜	20×1년 12월 31일 현재		(단위: 원)
자산		부채	
		자본	
자산총계		부채와자본총계	

(부분)포괄손익계산서

한국㈜ 20×1년 1월 1일부터 20×1년 12월 31일까지	(단위: 원)
당기순이익	
기타포괄손익	
총포괄이익	

• 20×2년 말

(부분)재무상태표

한국㈜		20×2년 12월 31일 현재	(단위: 원)
자산		부채	
		자본	
자산총계		부채와자본총계	

(부분)포괄손익계산서

한국㈜ 20×2년 1월 1일부터 20×2년 12월 31일까지	(단위: 원)
당기순이익	
기타포괄손익	
총포괄이익	

• 20×3년 말

(부분)재무상태표

한국㈜	20×3년 12월 31일 현재	(단위: 원)
자산	부채	
	자본	
자산총계	부채와자본총계	

(부분)포괄손익계산서

한국㈜	20×3년 1월 1일부터 20×3년 12월 31일까지	(단위: 원)
당기순이익		
기타포괄손익		
총포괄이익		

05. [사채 할인발행과 조기상환]

[문제 4]에서, 한국㈜가 20×2년 말에 사채 전부를 ₩990,000에 조기상환하였다. 상환일의 회계처리를 하라(총액법).

사채 상환손익의 계산

(차)	(대)

06. [사채 할인발행]

한국㈜는 20×1년 1월 1일에 액면금액 ₩3,000,000, 액면이자율 8%, 만기 3년인 사채를 발행하였다. 이자는 매 회계연도 말에 지급한다. 한국㈜의 사채발행일에 유효이자율은 11%이다. 사채발행비는 없으며, 한국㈜의 결산일은 12월 31일이다. 한국㈜는 동 사채를 만기에 상환하였다.

1) 발행금액을 결정하라.

사채 발행금액의 계산
-액면금액의 현재가치 ₩
-이자의 현재가치 ₩

2) 사채할인발행차금 상각표를 작성하라.

일자	유효이자 (11%)	액면이자 (8%)	차감액 (유효이자 – 액면이자)	장부금액 (현재가치)
20×1년 초				
20×1년 말				
20×2년 말				
20×3년 말				
계				

3) 각 연도별 회계처리를 하라(순액법).

• 20×1년 초

(차)	(대)

• 20×1년 말

(차)	(대)

• 20×2년 말

(차)	(대)

- 20×3년 말

(차)	(대)

(차)	(대)

4) 20×1년 초 및 20×1년 말 부분재무상태표와 20×1년 부분포괄손익계산서를 작성하라.

- 20×1년 초

(부분)재무상태표

한국㈜	20×1년 1월 1일 현재	(단위: 원)	
자산		부채	
		자본	
자산총계		부채와자본총계	

• 20×1년 말

(부분)재무상태표

한국㈜	20×1년 12월 31일 현재		(단위: 원)
자산		부채	
		자본	
자산총계		부채와자본총계	

(부분)포괄손익계산서

한국㈜ 20×1년 1월 1일부터 20×1년 12월 31일까지	(단위: 원)
당기순이익	
기타포괄손익	
총포괄이익	

07. [사채 할인발행 조기상환]

[문제 6]에서 발행한 한국㈜의 사채와 관련하여 20×1년 말에 사채 전부를 ₩2,800,000에 조기상환하였다고 가정하고, 상환일의 회계처리를 하라(순액법).

사채 상환손익의 계산

(차)	(대)

제 11 장 비금융부채

EXERCISES

01. [충당부채 인식]

한국㈜는 12월 결산법인이다. 한국㈜는 판매시점부터 2년간 품질을 보증하는 조건으로 제품을 판매하였다. 판매일로부터 2년 이내에 제품의 결함이 발생하면 제품을 교체해 준다. 자원의 유출 가능성이 높고 자원의 유출금액에 대한 신뢰성 있는 추정이 가능하다. 충당부채 인식여부에 대해 설명하라.

02. [충당부채 인식]

경기㈜는 12월 결산법인이다. 경기㈜는 고객에게 제품을 판매한 후 고객이 제품에 대해 만족하지 못한 경우 환불해 주는 정책을 시행하고 있다. 자원의 유출 가능성이 높고 자원의 유출금액에 대한 신뢰성 있는 추정이 가능하다. 충당부채 인식여부에 대해 설명하라.

03. [충당부채 인식]

인천㈜는 12월 결산법인이다. 인천㈜는 20×1년 12월 1일 이사회에서 특정 사업부를 폐쇄하기로 결정하였다. 이와 같은 결정이 사업부에 전달되지 않았고 사업부를 폐쇄하기 위한 어떠한 절차도 수행되지 않았다. 충당부채의 인식여부에 대해 설명하라.

제 12 장 자 본

EXERCISES

01. [주식발행: 유상증자]

한국㈜는 20×1년 1월 1일에 설립되었다. 설립 시 자본금은 ₩1,000,000(액면금액 ₩1,000, 발행주식수 1,000주)이었으며, 자본잉여금 중 주식발행초과금 ₩200,000이 있었다. 한국㈜는 20×1년 7월 1일에 액면금액이 ₩1,000인 보통주 주식 70주를 자본시장에서 주당 ₩2,100에 발행하였다.

1) 20×1년 7월 1일의 회계처리를 하라.

주식 발행금액의 구분
• 자본금   • 주식발행초과금(또는 주식할인발행차금)

(차)	(대)

2) 20×1년 7월 1일의 부분재무상태표를 제시하라.

(부분)재무상태표

한국㈜	20×1년 7월 1일 현재		(단위: 원)
자산		부채	
		자본	
자산총계		부채와자본총계	

02. [주식발행: 유상증자]

한국㈜는 20×1년 1월 1일에 설립되었다. 설립 시 자본금은 ₩60,000(액면금액 ₩100, 발행주식수 600주)이었으며, 주식발행초과금 계정잔액은 ₩1,000이다. 한국㈜는 20×1년 7월 1일에 액면금액이 ₩100인 보통주 주식 500주를 자본시장에서 주당 ₩95에 발행하였다.

1) 20×1년 7월 1일의 회계처리를 하라.

주식 발행금액의 구분

- 자본금

- 주식발행초과금(또는 주식할인발행차금)

(차)	(대)

2) 20×1년 7월 1일의 부분재무상태표를 제시하라.

(부분)재무상태표

한국㈜ 20×1년 7월 1일 현재 (단위: 원)

자산		부채	
		자본	
자산총계		부채와자본총계	

03. [주식소각: 유상감자]

한국㈜는 20×0년 1월 1일에 설립되었다. 한국㈜는 20×1년 7월 1일에 액면금액 ₩5,000인 보통주 300주를 ₩5,700에 유상으로 소각하였다. 20×1년 7월 1일의 자본구성은 다음과 같다.

- 자본금(액면금액 ₩5,000, 발행주식수 2,000주)	₩10,000,000
- 주식발행초과금	2,000,000
- 감자차익	500,000

1) 20×1년 7월 1일의 회계처리를 하라.

감자차익(또는 감자차손)의 계산

(차)	(대)

2) 20×1년 7월 1일의 부분재무상태표를 제시하라.

(부분)재무상태표

한국㈜ 20×1년 7월 1일 현재 (단위: 원)

자산		부채	
		자본	
자산총계		부채와자본총계	

04. [자기주식]

한국㈜의 20×1년 7월 1일의 자본구성은 다음과 같다.

- 자본금(액면금액 ₩200, 발행주식수 3,000주)	₩600,000
- 주식발행초과금	25,000
- 감자차손	8,000
- 자기주식처분손실	5,000
- 자기주식	200,000

다음은 한국㈜의 자기주식 거래이다.

① 20×1. 7. 1: 발행주식 중 500주를 ₩210에 취득하고 현금을 지급하였다.

② 20×1. 9.15: 발행주식 중 300주를 ₩180에 취득하고 현금을 지급하였다.

③ 20×1.10.23: 20×1년 7월 1일 취득한 자기주식 중에서 200주를 ₩230에 재발행하고, 주식대금은 현금으로 수취하였다.

1) 일자별 회계처리를 하라.

① 20×1년 7월 1일

(차)	(대)

② 20×1년 9월 15일

(차)	(대)

③ 20×1년 10월 23일

(차)	(대)

2) 20×1년 10월 23일의 부분재무상태표를 제시하라(자본을 중심으로).

(부분)재무상태표

한국㈜	20×1년 10월 23일 현재		(단위: 원)
자산		부채	
		자본	
자산총계		부채와자본총계	

05. [주식배당]

한국㈜는 20×0년 1월 1일에 설립되었으며 12월 결산법인이다. 20×1년 12월 31일 한국㈜의 자본은 다음과 같다.

- 자본금(액면금액 ₩100, 발행주식수 10,000주)	₩1,000,000
- 이익잉여금(20×1년의 당기순이익은 ₩200,000)	385,000
- 이익준비금	20,000

한국㈜는 20×2년 2월 17일에 개최된 주주총회에서 현금배당 10%와 주식배당 5%를 결의하였으며, 이익준비금은 현금배당금액의 10%이다. 현금배당과 주식배당은 3월 16일에 지급되었다.

1) 각 거래일의 회계처리를 하라.

• 20×2년 2월 17일

(차)	(대)

• 20×2년 3월 16일

(차)	(대)

2) 20×2년 2월 17일 부분재무상태표를 제시하라.

(부분)재무상태표

한국㈜ 20×2년 2월 17일 현재 (단위: 원)

자산		부채	
		자본	
자산총계		부채와자본총계	

3) 20×2년 3월 16일 부분재무상태표를 제시하라.

(부분)재무상태표

한국㈜	20×2년 3월 16일 현재		(단위: 원)
자산		부채	
		자본	
자산총계		부채와자본총계	

01. [현금흐름 분류]

다음은 한국㈜에서 20×1년도에 발생한 현금흐름이다.

1) 주식발행
2) 현금의 대여
3) 토지매각
4) 건물매입
5) 배당금수취
6) 주식소각에 따른 현금유출
7) FVOCI금융자산 취득
8) 이자와 법인세 지급
9) 단기매매목적 금융자산 매각
10) 용역제공에 따른 현금유입

위의 각 거래를 영업활동현금흐름, 투자활동현금흐름 및 재무활동현금흐름으로 분류하라.

번호	내 용	현금흐름의 종류
1)	주식발행	예시) 재무활동현금흐름
2)	현금의 대여	
3)	토지매각	
4)	건물매입	
5)	배당금수취	
6)	주식소각에 따른 현금유출	
7)	FVOCI금융자산 취득	
8)	이자와 법인세 지급	
9)	단기매매목적 금융자산 매각	
10)	용역제공에 따른 현금유입	

02. [영업활동으로 인한 현금흐름: 간접법 Ⅰ]

다음은 한국㈜의 20×0년 재무상태표 자료와 손익계산서 자료이다.

자료 1: 재무상태표

1) 매출채권의 변동	₩(−)75,000
2) 대손충당금의 변동	(−)7,000
3) 선급보험료의 변동	6,000
4) 재고자산의 변동	(−)15,000
5) 매입채무의 변동	20,000
6) 미지급급여의 변동	(−)4,000
7) 미지급법인세의 변동	(−)1,500

자료 2: 손익계산서

1) 매출액	₩547,000
2) 매출원가	220,000
3) 유형자산처분손실	70,000
4) 급여	110,000
5) 감가상각비	37,000
6) 대손상각비	2,000
7) 법인세비용	1,800
8) 당기순이익	106,200

간접법에 따른 영업활동으로 인한 현금흐름에 대한 부분현금흐름표를 작성하라.

현금흐름표

한국㈜ 20×0년 1월 1일부터 20×0년 12월 31일까지 (단위: 원)

Ⅰ. 영업활동으로 인한 현금흐름

1. 당기순이익 106,200

2. 현금의 유출이 없는 비용 등의 가산

3. 현금의 유입이 없는 수익 등의 차감

4. 영업활동으로 인한 자산 및 부채의 변동

03. [영업활동으로 인한 현금흐름: 간접법 Ⅱ]

다음은 한국㈜의 20×0년 재무상태표자료와 손익계산서자료이다.

자료 1: 재무상태표

1) 매출채권의 변동	₩32,000
2) 선급비용의 변동	6,000
3) 재고자산의 변동	(−)9,000
4) 매입채무의 변동	20,000
5) 미지급비용의 변동	6,000
6) 미지급법인세의 변동	3,000

자료 2: 손익계산서

1) 매출액	₩1,200,000
2) 매출원가	800,000
3) 판매비와 관리비	250,000
4) 감가상각비	50,000
5) 유형자산처분이익	30,000
6) 법인세비용	10,000
7) 당기순이익	120,000

간접법에 따른 영업활동으로 인한 현금흐름에 대한 부분현금흐름표를 작성하라.

현금흐름표

한국㈜	20×0년 1월 1일부터 20×0년 12월 31일까지	(단위: 원)
Ⅰ. 영업활동으로 인한 현금흐름		
1. 당기순이익		120,000
2. 현금의 유출이 없는 비용 등의 가산		
3. 현금의 유입이 없는 수익 등의 차감		
4. 영업활동으로 인한 자산 및 부채의 변동		

04. [투자활동으로 인한 현금흐름]

한국㈜는 20×0년 기중에 기계장치 ₩68,000(취득원가 ₩100,000, 감가상각누계액 ₩32,000)을 ₩80,000에 현금 매각하였다. 다음은 20×0년 기초 및 기말 한국㈜의 기계장치와 관련된 자료이다.

재무상태표

한국㈜ 20×0년 1월 1일 현재 (단위: 원)

자산		부채	
유형자산			
기계장치	300,000		
감가상각누계액	(200,000)		
	100,000	자본	
자산총계		부채와자본총계	

재무상태표

한국㈜ 20×0년 12월 31일 현재 (단위: 원)

자산		부채	
유형자산			
기계장치	500,000		
감가상각누계액	(280,000)		
	220,000	자본	
자산총계		부채와자본총계	

20×0년 한국㈜의 투자활동으로 인한 현금흐름을 계산하라. 단, 신규취득한 기계장치는 현금으로 매입한 것이다.

-투자활동으로 인한 현금유입액 ₩   -투자활동으로 인한 현금유출액 ₩

05. [재무활동으로 인한 현금흐름]

다음은 20×0년 한국㈜의 거래이다.

1) 사채 ₩300,000을 액면으로 발행하였다.
2) 보통주를 발행하고 ₩150,000을 현금으로 수취하였다. 유상증자: ₩150,000
3) 주주에게 현금배당 ₩20,000을 지급하였다.

20×0년 한국㈜의 재무활동으로 인한 현금흐름을 계산하라.

-재무활동으로 인한 현금유입액 ₩   -재무활동으로 인한 현금유출액 ₩

연습문제 해 답

제2장 연습문제 해답

1. [재무상태표계정]

이익잉여금	(자본)	미수금	(자산)
매입채무	(부채)	소모품	(자산)
기계장치	(자산)	차량운반구	(자산)
제품	(자산)	이자비용	(×)
미지급금	(부채)	영업권	(자산)
임차보증금	(자산)	선수금	(부채)
예수금	(부채)	임대보증금	(부채)
사채	(부채)	주식발행초과금	(자본)
자본금	(자본)	매출	(×)

2. [재무상태표와 포괄손익계산서계정]

이자수익	(포괄손익계산서)	자본금	(재무상태표)
매입채무	(재무상태표)	매출원가	(포괄손익계산서)
급여	(포괄손익계산서)	토지	(재무상태표)
제품	(재무상태표)	이자비용	(포괄손익계산서)
미지급금	(재무상태표)	영업권	(재무상태표)
임차료	(포괄손익계산서)	선수금	(재무상태표)
예수금	(재무상태표)	보험료	(포괄손익계산서)
감가상각비	(포괄손익계산서)	이익잉여금	(재무상태표)
기타포괄손익누계액	(재무상태표)	매출	(포괄손익계산서)

3. [재무상태표의 작성]

자본금	₩500,000(자본)	토지	₩445,000(자산)
현금	200,000(자산)	이익잉여금	200,000(자본)
건물	340,000(자산)	매출채권	100,000(자산)
장기차입금	125,000(부채)	기타포괄손익누계액	300,000(자본)
단기차입금	150,000(부채)	주식발행초과금	80,000(자본)
특허권	180,000(자산)	사채	250,000(부채)
상품	210,000(자산)	단기대여금	80,000(자산)

재무상태표

자산		부채	
현 금	₩100,000	단기차입금	₩150,000
매출채권	250,000	사 채	250,000
단기대여금	80,000	장기차입금	125,000
상 품	210,000	자본	
토 지	445,000	자본금	500,000
건 물	340,000	주식발행초과금	80,000
특 허 권	180,000	이익잉여금	200,000
		기타포괄손익누계액	300,000
	₩1,605,000		₩1,605,000

4. [포괄손익계산서의 작성]

매 출 액	₩700,000(수익)	감가상각비	₩45,000(비용)
임대료수익	150,000(수익)	종업원급여	200,000(비용)
이자비용	50,000(비용)	법인세비용	100,000(비용)
매출원가	350,000(비용)	보 험 료	70,000(비용)
이자수익	30,000(수익)	유형자산처분이익	80,000(수익)

포괄손익계산서

비용		수익	
매출원가	₩350,000	매출액	₩700,000
종업원급여	200,000	임대료수익	150,000
보험료	70,000	이자수익	30,000
감가상각비	45,000	유형자산처분이익	80,000
이자비용	50,000		
법인세비용	100,000		
당기순이익	145,000		
	₩960,000		₩960,000

5. [재무상태표와 포괄손익계산서의 관계]

(단위: 원)

구분	기초재무상태표			포괄손익계산서			추가출자	기말재무상태표		
	자산	부채	자본	수익	비용	이익	배당지급	자산	부채	자본
1)	3,500	(2,300)	1,200	2,300	(1,900)	(400)	0	4,500	(2,900)	1,600
2)	2,700	(1,800)	(900)	(2,200)	1,700	500	출자: 500	3,200	1,300	(1,900)
3)	5,250	(3,570)	1,680	(4,260)	3,560	(700)	배당: 100	6,380	(4,100)	2,280
4)	(7,380)	4,530	2,850	7,380	(5,410)	(1,970)	배당: 1,020	8,150	4,350	(3,800)
5)	4,700	1,500	(3,200)	3,000	(2,300)	700	출자: 800 배당: 500	6,200	(2,000)	(4,200)

6. [재무제표 오류 수정]

1) ① 재무제표명의 오류: 포괄손익계산서 → 재무상태표로 변경

② 회계기간의 오류: 20×1.1.1부터 20×1.12.31까지 → 20×1.12.31 현재

2) 계정과목 위치 오류: ① 차변 → 대변으로 이동: 이익잉여금(자본), 자본금(자본), 미지급이자(부채)

② 대변 → 차변으로 이동: 매출채권(자산), 소모품(자산), 토지(자산)

3) 올바른 재무제표의 작성

재무상태표

인제㈜ 20×1.12.31 현재 (단위: 원)

자산		부채	
현 금	33,100	차입금	48,700
매출채권	54,100	미지급이자	5,560
소모품	13,100	자본	
토 지	78,000	자본금	127,000
건 물	15,600	이익잉여금	12,640
자산총계	193,900	부채와자본총계	193,900

7. [재무상태표와 포괄손익계산서계정 및 재무제표의 작성]

자 본 금	₩10,000,000	(자본 - 자본금)	차 량 운 반 구	₩5,000,000	(자산 - 유형자산)
현 금	2,077,500	(자산 - 유동자산)	이 익 잉 여 금	3,032,500	(자본 - 이익잉여금)
비 품	2,150,000	(자산 - 유형자산)	배 당 금 수 익	250,000	(수익 - 영업외수익)
이 자 비 용	63,000	(비용 - 영업외비용)	유형자산처분손실	24,500	(비용 - 영업외비용)
매 출 원 가	4,300,000	(비용 - 영업비용)	상 품 매 출	7,800,000	(수익 - 영업수익)
임대료수익	500,000	(수익 - 영업외수익)	임 대 보 증 금	2,000,000	(부채 - 비유동부채)
상 품	3,800,000	(자산 - 재고자산)	미 수 금	450,000	(자산 - 유동자산)
매 출 채 권	1,755,000	(자산)	수 도 광 열 비	180,000	(비용 - 영업비용)
장기차입금	1,000,000	(부채 - 비유동부채)	종 업 원 급 여	800,000	(비용 - 영업비용)
매 입 채 무	1,200,000	(부채 - 유동부채)	선 수 수 익	650,000	(부채 - 유동부채)
장기금융상품	3,000,000	(자산 - 투자자산)	기타포괄손익누계액	50,000	(자본 - 기타포괄손익누계액)
광고선전비	150,000	(비용 - 영업비용)	이 익 준 비 금	300,000	(자본 - 이익잉여금)

포괄손익계산서

비용		수익	
매출원가	₩4,300,000	상품매출	₩7,800,000
종업원급여	800,000	임대료수익	500,000
수도광열비	180,000	배당금수익	250,000
광고선전비	150,000		
이자비용	63,000		
유형자산처분손실	24,500		
당기순이익	3,032,500		
	₩8,550,000		₩8,550,000

재무상태표

자산		부채	
현 금	₩2,077,500	매입채무	₩1,200,000
매출채권	1,755,000	선수수익	650,000
미수금	450,000	장기차입금	1,000,000
상 품	3,800,000	임대보증금	2,000,000
장기금융상품	3,000,000	자본	
차량운반구	5,000,000	자본금	10,000,000
비 품	2,150,000	이익준비금	300,000
		이익잉여금	3,032,500
		기타포괄손익누계액	50,000
	₩18,232,500		₩18,232,500

제3장 연습문제 해답

1. [회계거래의 식별]

1)	(회계거래)	상품 ₩5,000,000을 구입하고 대금은 한 달 후에 지급하기로 하였다.
	이유 →	상품(자산)이 증가하고, 그로 인해 매입채무(부채)가 증가함.
2)	(비회계거래)	원가 ₩500,000의 상품을 ₩700,000에 판매하기로 계약하였다.
	이유 →	사건 발생일 현재 계약만 하였기 때문에 자산, 부채, 자본에의 영향이 없음.
3)	(비회계거래)	상품 ₩4,500,000을 주문하였다.
	이유 →	사건 발생일 현재는 주문 상태로 자산, 부채, 자본에의 영향이 없음.
4)	(회계거래)	태풍으로 인해 장부가액 ₩2,000,000의 상품이 완전히 파손되었다.
	이유 →	태풍으로 상품(자산)이 감소됨.
5)	(회계거래)	전기요금 ₩500,000의 고지서를 받았으나, 현금이 부족하여 납부일에 납부하지 못했다.
	이유 →	전기 사용에 따른 비용의 발생과 요금 미납에 따른 부채가 증가함.
6)	(회계거래)	보유 중인 빌딩을 담보로 제공하고 현금 ₩1,000,000을 차입하였다.
	이유 →	차입으로 현금(자산)이 증가하고, 이로 인해 차입금(부채)가 증가함.
7)	(비회계거래)	인터넷매체에 ₩700,000의 광고 제작을 의뢰하였다.
	이유 →	광고 제작을 의뢰한 단계로 자산, 부채, 자본에의 영향이 없음.
8)	(비회계거래)	대표이사가 코로나로 갑자기 사망하여 차기 대표이사로 워런 버핏을 선임하였다.
	이유 →	엄청난 가치의 인적자원을 확보하였으나 화폐적 측정이 불가하여 비회계거래에 해당됨.
9)	(비회계거래)	공장의 생산라인 증설을 위한 자금마련을 위해 주주총회에서 신주발행을 의결하였다.
	이유 →	신주의 발행에 대한 의결일 뿐 주식대금 납입이 없으므로, 자산, 부채, 자본에의 영향 없음.
10)	(회계거래)	소말리아 아동의 식량 지원을 위해 현금 ₩1,000,000을 기부하였다.
	이유 →	기부금(비용)의 발생으로 현금(자산)이 감소됨.

2. [회계등식 Ⅰ]

	자산	부채	자본
1)	₩700,000	(₩300,000)	₩400,000
2)	(720,000)	170,000	550,000
3)	420,000	250,000	(170,000)
4)	640,000	(220,000)	420,000
5)	(650,000)	310,000	340,000
6)	530,000	190,000	(340,000)

3. [회계등식 Ⅱ]

(단위: 원)

구분	기초재무상태표			포괄손익계산서			추가출자	기말재무상태표		
	자산	부채	자본	수익	비용	이익	배당지급	자산	부채	자본
1)	7,000	(4,600)	2,400	4,600	(3,800)	(800)	0	9,000	(5,800)	3,200
2)	5,400	(3,600)	(1,800)	(4,400)	3,400	1,000	출자: 1,000	6,400	2,600	(3,800)
3)	10,500	(7,140)	3,360	(8,520)	7,120	(1,400)	배당: 200	12,760	(8,200)	4,560
4)	(14,760)	9,060	5,700	14,760	(10,820)	(3,940)	배당: 2,040	16,300	8,700	(7,600)
5)	9,400	3,000	(6,400)	6,000	(4,600)	1,400	출자: 1,600 배당: 1,000	12,400	(4,000)	(8,400)

4. [계정과목]

	회계거래	차변	대변
예시	서비스를 제공하고 현금으로 대가를 수취하다.	④ 현금	⑨ 매출
(1)	주주들에게 주식을 발행하고 주식대금을 현금으로 받다.	④ 현금	⑩ 자본금
(2)	은행으로부터 3년 만기로 현금을 차입하다.	④ 현금	⑦ 장기차입금
(3)	내년에 해당하는 보험료를 현금으로 지급하다.	⑪ 선급보험료	④ 현금
(4)	서비스를 외상으로 제공하다.	② 매출채권	⑨ 매출
(5)	매출채권을 현금으로 회수하다.	④ 현금	② 매출채권
(6)	건물을 매각하고 대가를 현금으로 받다.	④ 현금	③ 건물
(7)	당기분 법인세를 내년에 지급하기로 하다.	⑤ 법인세비용	⑥ 미지급법인세

5. [거래요소의 결합관계]

예시	상품을 매입하고 현금 ₩100,000을 지급하다.	자산의 증가	자산의 감소
(1)	상품 ₩300,000을 외상으로 매입하다.	자산의 증가	부채의 증가
(2)	주식을 발행하고 주식대금 ₩100,000은 당좌예금으로 납입받다.	자산의 증가	자본의 증가
(3)	상품을 ₩500,000에 현금으로 판매하다.	자산의 증가	수익의 발생
(4)	상품 외상대금 ₩50,000을 당좌수표를 발행하여 지급하다.	부채의 감소	자산의 감소
(5)	은행의 기존 차입금 ₩100,000을 상환하고 더 낮은 이자율로 다시 차입하다.	부채의 감소	부채의 증가
(6)	은행 차입금 ₩200,000을 출자전환하기로 하고 주식을 발행하여 교부하다.	부채의 감소	자본의 증가
(7)	상품을 판매하기로 하고 미리 현금으로 받았던 ₩100,000에 대한 상품을 제공하다.	부채의 감소	수익의 발생
(8)	기존 주주들로부터 주식 100주를 ₩200,000에 현금으로 취득하다.	자본의 감소	자산의 감소
(9)	주주총회에서 보통주 배당금으로 ₩50,000을 지급하기로 결의하였으나 아직 미지급하다.	자본의 감소	부채의 증가
(10)	우선주 50주 ₩100,000을 보통주 25주로 전환하다.	자본의 감소	자본의 증가
(11)	종업원 급여 ₩100,000을 현금으로 지급하다.	비용의 발생	자산의 감소
(12)	전기요금 ₩50,000을 미납부하다.	비용의 발생	부채의 증가

6. [거래요소의 결합관계와 거래의 기록]

1) 주주로부터 주식대금 ₩5,000,000을 현금으로 납입받아서 회사를 설립하였다.

거래요소의 결합관계	(차) 자산(현금)의 증가	(대) 자본(자본금)의 증가

현금	
(1) 자본금 5,000,000	

자본금	
	(1) 현금 5,000,000

2) 택배운반에 사용할 차량을 ₩2,000,000에 구입하고, 대금의 50%는 현금으로, 나머지는 다음에 지급하기로 하였다.

거래요소의 결합관계	(차) 자산(차량운반구)의 증가	(대) 자산(현금)의 감소 부채(미지급금)의 증가

차량운반구

(2) 현금외 2,000,000	

현금

(1) 자본금 5,000,000	(2) 차량운반구 1,000,000

미지급금

	(2) 차량운반구 1,000,000

3) 9월 동안 제공한 택배용역은 총 ₩3,000,000으로, 대금 중 50%는 현금으로, 나머지는 다음에 받기로 하였다.

거래요소의 결합관계	(차) 자산(현금, 매출채권)의 증가	(대) 수익(용역매출)의 발생

현금

(1) 자본금 5,000,000	(2) 차량운반구 1,000,000
(3) 용역매출 1,500,000	

매출채권

(3) 용역매출 1,500,000	

용역매출

	(3) 현금외 3,000,000

4) 택배용 포장박스를 ₩1,000,000에 구입하고, 대금 중 ₩300,000은 현금으로, 나머지는 다음에 지급하기로 하였다.

거래요소의 결합관계	(차) 자산(소모품)의 증가	(대) 자산(현금)의 감소 부채(미지급금)의 증가

소모품

(4) 현금외 1,000,000	

현금

(1) 자본금 5,000,000	(2) 차량운반구 1,000,000
(3) 용역매출 1,500,000	(4) 소모품 300,000

미지급금

	(2) 차량운반구 1,000,000
	(4) 소모품 700,000

5) 차량 구입대금 중 미지급된 ₩1,000,000을 현금으로 지급하였다.

거래요소의 결합관계	(차) 부채(미지급금)의 감소	(대) 자산(현금)의 감소

현금			
(1) 자본금	5,000,000	(2) 차량운반구	1,000,000
(3) 용역매출	1,500,000	(4) 소모품	300,000
		(5) 미지급금	1,000,000

미지급금			
(5) 현금	1,000,000	(2) 차량운반구	1,000,000
		(4) 소모품	700,000

6) 택배 포장용 테이프와 칼 등의 소모품 ₩50,000을 현금으로 구입하였다.

거래요소의 결합관계	(차) 자산(소모품)의 증가	(대) 자산(현금)의 감소

소모품			
(4) 현금외	1,000,000		
(6) 현금	50,000		

현금			
(1) 자본금	5,000,000	(2) 차량운반구	1,000,000
(3) 용역매출	1,500,000	(4) 소모품	300,000
		(5) 미지급금	1,000,000
		(6) 소모품	50,000

7) 종업원 급여 ₩1,000,000을 현금으로 지급하였다.

거래요소의 결합관계	(차) 비용(급여)의 발생	(대) 자산(현금)의 감소

급여			
(7) 현금	1,000,000		

현금			
(1) 자본금	5,000,000	(2) 차량운반구	1,000,000
(3) 용역매출	1,500,000	(4) 소모품	300,000
		(5) 미지급금	1,000,000
		(6) 소모품	50,000
		(7) 급여	1,000,000

8) 전기요금 ₩200,000의 청구서를 받았으나 9월 말까지 지급하지 못하였다.

거래요소의 결합관계	(차) 비용(수도광열비)의 발생	(대) 부채(미지급비용)의 증가

수도광열비			
(8) 미지급비용	200,000		

미지급비용			
		(8) 수도광열비	200,000

제4장 연습문제 해답

1. [거래의 분개]

9월 1일	(차) 현　금	100,000	(대) 자본금	100,000
9월 2일	(차) 광고선전비	1,000	(대) 현　금	1,000
9월 5일	(차) 차량운반구	25,000	(대) 현　금	25,000
9월 10일	(차) 매출채권	5,000	(대) 용역매출	5,000
9월 14일	(차) 비　품	1,500	(대) 현　금	1,500
9월 18일	(차) 현　금	5,000	(대) 매출채권	5,000
9월 25일	(차) 급　여	2,000	(대) 현　금	2,000

2. [분개와 전기]

1) 7월 1일 (차) 현　금 5,000 (대) 자본금 5,000

현금

차변		대변	
7/1자본금	5,000		

자본금

차변		대변	
		7/1현금	5,000

2) 7월 2일 (차) 비　품 1,500 (대) 현　금 1,500

비품

차변		대변	
7/2현금	1,500		

현금

차변		대변	
7/1자본금	5,000	7/2비품	1,500

3) 7월 5일 (차) 임차료 300 (대) 현 금 300

임차료

차변		대변	
7/5현금	300		

현금

차변		대변	
7/1자본금	5,000	7/2비품	1,500
		7/5임차료	300

4) 7월 18일 (차) 현 금 1,500 (대) 용역매출 3,000
매출채권 1,500

현금

차변		대변	
7/1자본금	5,000	7/2비품	1,500
7/18용역매출	1,500	7/5임차료	300

매출채권

차변		대변	
7/18용역매출	1,500		

용역매출

차변		대변	
		7/18현금외	3,000

5) 7월 20일 (차) 현 금 600 (대) 선수금 600

현금

차변		대변	
7/1자본금	5,000	7/2비품	1,500
7/18용역매출	1,500	7/5임차료	300
7/20선수금	600		

선수금

차변		대변	
		7/20현금	600

6) 7월 23일 (차) 현 금 500 (대) 단기차입금 500

현금

차변		대변	
7/1자본금	5,000	7/2비품	1,500
7/18용역매출	1,500	7/5임차료	300
7/20선수금	600		
7/23단기차입금	500		

단기차입금

차변		대변	
		7/23현금	500

7) 7월 25일 (차) 급 여 1,500 (대) 현 금 1,000
미지급급여 500

현금

7/1자본금	5,000	7/2비품	1,500
7/18용역매출	1,500	7/5임차료	300
7/20선수금	600	7/25급여	1,000
7/23단기차입금	500		

미지급급여

		7/25급여	500

급여

7/25현금외	1,500		

3. [시산표의 작성]

1) 8월 1일 (차) 현 금 100,000 (대) 자본금 100,000

현금

8/1자본금	100,000		

자본금

		8/1현금	100,000

2) 8월 1일 회계처리 없음

3) 8월 7일 (차) 기계장치 10,000 (대) 미지급금 10,000

기계장치

8/7미지급금	10,000		

미지급금

		8/7기계장치	10,000

4) 8월 8일 (차) 매출채권 5,000 (대) 용역매출 5,000

매출채권

8/8용역매출	5,000		

용역매출

		8/8매출채권	5,000

5) 8월 15일 (차) 현 금 3,500 (대) 용역매출 3,500

현금

8/1자본금	100,000		
8/15용역매출	3,500		

용역매출

		8/8매출채권	5,000
		8/15현금	3,500

6) 8월 22일 (차) 현 금 10,500 (대) 선수금 10,500

현금			
8/1자본금	100,000		
8/15용역매출	3,500		
8/22선수금	10,500		

선수금			
		8/22현금	10,500

7) 8월 25일 (차) 미지급금 6,000 (대) 현 금 6,000

미지급금			
8/25현금	6,000	8/7기계장치	10,000

현금			
8/1자본금	100,000	8/25미지급금	6,000
8/15용역매출	3,500		
8/22선수금	10,500		

8) 8월 31일 (차) 급 여 1,000 (대) 현 금 1,000

급여			
8/31현금	1,000		

현금			
8/1자본금	100,000	8/25미지급금	6,000
8/15용역매출	3,500	8/31급여	1,000
8/22선수금	10,500		

9) 8월 31일 (차) 임차료 2,000 (대) 현 금 2,000

임차료			
8/31현금	2,000		

현금			
8/1자본금	100,000	8/25미지급금	6,000
8/15용역매출	3,500	8/31급여	1,000
8/22선수금	10,500	8/31임차료	2,000

합계잔액시산표

활천건축㈜ 20×1년 8월 1일부터 8월 31일까지 (단위: 원)

차변		계정과목	대변	
잔액	합계		합계	잔액
105,000	114,000	현 금	9,000	
5,000	5,000	매출채권		
10,000	10,000	기계장치		
	6,000	미지급금	10,000	4,000
		선 수 금	10,500	10,500
		자 본 금	100,000	100,000
		용역매출	8,500	8,500
1,000	1,000	급 여		
2,000	2,000	임 차 료		
123,000	138,000	합 계	138,000	123,000

4. [시산표 오류 수정 Ⅰ]

1) (미치는 영향) → 계정과목 오류로 시산표의 차변과 대변에 미치는 영향은 없다.
(용역수익 → 매출채권)
(올바른 분개) → (차) 용역수익 5,000 (대) 매출채권 5,000

2) (미치는 영향) → 차변의 합계가 ₩500만큼 부족하게 되므로, 차변의 매출채권잔액을 ₩500만큼 증가시킨다.
(올바른 분개) → 분개 필요 없음

3) (미치는 영향) → 계정과목 오류로 시산표의 차변과 대변에 미치는 영향은 없다.
(비품 → 기계장치)
(올바른 분개) → (차) 기계장치 6,000 (대) 비 품 6,000

4) (미치는 영향) → 계정과목 오류로 시산표의 차변과 대변에 미치는 영향은 없다.
(임차료 → 선급임차료)
(올바른 분개) → (차) 선급임차료 800 (대) 임차료 800

5) (미치는 영향) → 대변의 합계가 ₩2,000만큼 과다하므로, 대변의 자본금잔액을 ₩2,000만큼 감소시킨다.
(올바른 분개) → 분개 필요 없음

6) (미치는 영향) → 차변의 합계가 ₩270만큼 과다하므로, 차변의 수도광열비 잔액을 ₩270 만큼 감소시킨다.
(올바른 분개) → 분개 필요 없음

5. [시산표 오류 수정 Ⅱ]

1) → 당초분개: (차) 현 금 940 (대) 매출채권 940
→ 수 정: (차) 현 금 540 (대) 매출채권 540

2) → 당초분개: (차) 매출채권 1,780 (대) 용역수익 178
→ 수 정: 대변의 용역수익을 ₩1,602만큼 증가시킨다.

3) → 당초분개: 없음
→ 수 정: 차변의 급여를 ₩1,200만큼 증가시킨다.

4) → 당초분개: (차) 소모품 680 (대) 미지급금 680
→ 수 정: 계정과목 오류로 소모품 → 비품으로 수정한다.
(차) 비 품 680 (대) 소모품 680

5) → 당초분개: (차) 현 금 412 (대) 미지급금 520
→ 수 정: i) 대변의 미지급금을 ₩108만큼 감소시킨다.
ii) 당초 분개가 반대로 되어 있으므로, 반대 분개를 하여 수정한다.
(차) 미지급금 824 (대) 현 금 824

6) → 수 정: 대변의 현금계정을 차변으로 옮기고, 차변의 선수금계정을 대변으로 옮긴다.

수정잔액시산표

동백㈜ 20×1년 5월 31일 현재 (단위: 원)

계정과목	차변	대변
현 금	6,216	
매 출 채 권	5,860	
소 모 품	920	
비 품	680	
기 계 장 치	6,000	
미 지 급 금		3,368
선 수 금		2,400
자 본 금		18,000
용 역 수 익		7,398
급 여	8,000	
보 험 료	2,420	
광 고 선 전 비	1,070	
합 계	31,166	31,166

제5장 연습문제 해답

1. [결산수정분개]

1) (차) 임차료	60,000	(대) 선급임차료	60,000
2) (차) 보험료	20,000	(대) 선급보험료	20,000
3) (차) 임대료	30,000	(대) 선수임대료	30,000
4) (차) 미수이자	5,000	(대) 이자수익	5,000
5) (차) 감가상각비	15,000	(대) 감가상각누계액 - 차량운반구	15,000
6) (차) 소모품비	15,000	(대) 소모품	15,000

2. [결산수정분개의 추정]

20×1년도 12월 31일 현재

계정과목	수정전잔액시산표		수정후잔액시산표	
	차변	대변	차변	대변
현 금	₩13,000		₩13,000	
매출채권	**1,500**		1) **1,800**	
선급보험료	**600**		5) **200**	
소 모 품	**40,000**		2) **5,000**	
비 품	60,000		60,000	
감가상각누계액		**₩16,500**		3) **₩22,000**
미지급임차료				4) **15,000**
자 본 금		80,000		80,000
이익잉여금		11,600		11,600
매 출 액		**38,000**		1) **38,300**
급 여	16,000		16,000	
임 차 료	**15,000**		4) **30,000**	
보 험 료			5) **400**	
소모품비			2) **35,000**	
감가상각비			3) **5,500**	
합 계	**₩146,100**	**₩146,100**	**₩166,900**	**₩166,900**

※ 수정전시산표와 수정후시산표의 잔액이 다른 계정과목을 찾아서 결산수정분개사항을 추정하면 됨.

수정분개의 내용	차변		대변	
1) 당기 발생 매출액의 누락 수정	매출채권	300	매출액	300
2) 미사용소모품 중 사용분 비용 대체	소모품비	35,000	소모품	35,000
3) 당기분 비품 감가상각비 인식	감가상각비	5,500	비품감가상각누계액	5,500
4) 당기 발생 임차료 미지급분 비용 인식	임차료	15,000	미지급임차료	15,000
5) 선급보험료 중 기간경과분 비용 대체	보험료	400	선급보험료	400

3. [회계순환과정 종합 Ⅰ]

1) 분개와 전기

10/1 (차) 현 금 25,000 (대) 자본금 25,000

현금			
10/1자본금	25,000		

자본금			
		10/1현금	25,000

10/1 (차) 차량운반구 10,000 (대) 미지급금 10,000

차량운반구			
10/1미지급금	10,000		

미지급금			
		10/1차량운반구	10,000

10/1 (차) 임차료 3,600 (대) 현 금 3,600

임차료			
10/1현금	3,600	10/31선급임차료	3,000

현금			
10/1자본금	25,000	10/1임차료	3,600

10/1 (차) 선급보험료 2,400 (대) 현 금 2,400

선급보험료			
10/1현금	2,400	10/31 보험료	200

현금			
10/1자본금	25,000	10/1임차료	3,600
		10/1선급보험료	2,400

10/5 (차) 소모품비 1,500 (대) 현 금 1,500

소모품비			
10/1현금	1,500	10/31 소모품	250

현금			
10/1자본금	25,000	10/1임차료	3,600
		10/1선급보험료	2,400
		10/1소모품비	1,500

10/8 (차) 현 금 5,500 (대) 용역매출 5,500

현금			
10/1자본금	25,000	10/1임차료	3,600
10/8용역매출	5,500	10/1선급보험료	2,400
		10/1소모품비	1,500

용역매출			
		10/8현금	5,500

10/9 (차) 유가증권* 5,500 (대) 현 금 5,500

*기타포괄손익－공정가치측정금융자산에 해당함.

유가증권			
10/9현금	5,500		
10/31유가증권 평가이익	200		

현금			
10/1자본금	25,000	10/1임차료	3,600
10/8용역매출	1,500	10/1선급보험료	2,400
		10/1소모품비	1,500
		10/9유가증권	5,500

10/10 (차) 미지급금 2,000 (대) 현 금 2,000

미지급금			
10/10현금	2,000	10/1차량운반구	10,000

현금			
10/1자본금	25,000	10/1임차료	3,600
10/8용역매출	1,500	10/1선급보험료	2,400
		10/1소모품비	1,500
		10/9유가증권	5,500
		10/10미지급금	2,000

10/15 (차) 매출채권 2,800 (대) 용역매출 2,800

매출채권			
10/15용역매출	2,800		

용역매출			
		10/8현금	5,500
		10/15매출채권	2,800

10/18 (차) 광고선전비 500 (대) 현 금 500

광고선전비			
10/18현금	**500**		

현금			
10/1자본금	25,000	10/1임차료	3,600
10/8용역매출	1,500	10/1선급보험료	2,400
		10/1소모품비	1,500
		10/9유가증권	5,500
		10/10미지급금	2,000
		10/18광고선전비	**500**

10/20 (차) 현 금 1,000 (대) 선수금 1,000

현금			
10/1자본금	25,000	10/1임차료	3,600
10/8용역매출	1,500	10/1선급보험료	2,400
10/20선수금	**1,000**	10/1소모품비	1,500
		10/9유가증권	5,500
		10/10미지급금	2,000
		10/18광고선전비	500

선수금			
		10/20현금	**1,000**

10/28 (차) 수도광열비 1,200 (대) 현 금 1,200

수도광열비			
10/28 현금	**1,200**		

현금			
10/1자본금	25,000	10/1임차료	3,600
10/8용역매출	1,500	10/1선급보험료	2,400
10/20선수금	1,000	10/1소모품비	1,500
		10/9유가증권	5,500
		10/10미지급금	2,000
		10/18광고선전비	500
		10/28수도광열비	**1,200**

10/30 (차) 급 여 1,800 (대) 현 금 1,800

급여	
10/30 현금 1,800	

현금	
10/1자본금 25,000	10/1임차료 3,600
10/8용역매출 5,500	10/1선급보험료 2,400
10/20선수금 1,000	10/1소모품비 1,500
	10/9유가증권 5,500
	10/10미지급금 2,000
	10/18광고선전비 500
	10/28수도광열비 1,200
	10/30급여 1,800

2) 수정전합계잔액시산표

수정전합계잔액시산표

㈜어방용역 20×1년 10월 1일부터 10월 31일까지 (단위: 원)

차변		계정과목	대변	
잔액	합계		합계	잔액
13,000	31,500	현 금	18,500	
5,500	5,500	유가증권		
2,800	2,800	매출채권		
2,400	2,400	선급보험료		
10,000	10,000	차량운반구		
	2,000	미지급금	10,000	8,000
		선 수 금	1,000	1,000
		자 본 금	25,000	25,000
		용역매출	8,300	8,300
1,800	1,800	급 여		
3,600	3,600	임 차 료		
1,500	1,500	소모품비		
1,200	1,200	수도광열비		
500	500	광고선전비		
42,300	62,800	합 계	62,800	42,300

3) 결산수정분개

(1)	(차) 선급임차료	3,000	(대) 임차료	3,000
(2)	(차) 보험료	200	(대) 선급보험료	200
(3)	(차) 소모품	250	(대) 소모품비	250
(4)	(차) 통신비	800	(대) 미지급통신비	800
(5)	(차) 감가상각비	50	(대) 감가상각누계액	50
(6)	(차) FVPL금융자산	200	(대) FVPL금융자산평가이익	200

선급임차료

차변	대변
10/31 임차료 3,000	

보험료

차변	대변
10/31 선급보험료 200	

소모품

차변	대변
10/31소모품비 250	

통신비

차변	대변
10/31미지급통신비 800	

미지급통신비

차변	대변
	10/31 통신비 800

감가상각비

차변	대변
10/31감가상각누계액 50	

감가상각누계액 – 차량운반구

차변	대변
	10/31감가상각비 50

FVPL금융자산평가이익

차변	대변
	10/31 FVPL금융자산 200

4) 수정후합계잔액시산표

수정후합계잔액시산표

㈜어방용역 20×1년 10월 1일부터 10월 31일까지 (단위: 원)

차변		계정과목	대변	
잔액	합계		합계	잔액
13,000	31,500	현 금	18,500	
2,800	2,800	매출채권		
250	**250**	**소 모 품**		
2,200	**2,400**	**선급보험료**	**200**	
3,000	**3,000**	**선급임차료**		
5,700	**5,700**	**FVPL금융자산**		
10,000	10,000	차량운반구		
		감가상각누계액	**50**	**50**
	2,000	미지급금	10,000	8,000
		선 수 금	1,000	1,000
		미지급통신비	**800**	**800**
		자 본 금	25,000	25,000
		용역매출	8,300	8,300
		FVPL금융자산평가이익	**200**	**200**
1,800	1,800	급 여		
200	**200**	**보 험 료**		
600	**3,600**	**임 차 료**	3,000	
1,250	**1,500**	**소모품비**	250	
1,200	1,200	수도광열비		
500	500	광고선전비		
800	**800**	**통 신 비**		
50	**50**	**감가상각비**		
43,350	**67,300**	합 계	**67,300**	**43,350**

5) 10위식 정산표

정산표

㈜어방용역　　　　　　　20×1년 10월 1일부터 10월 31일까지　　　　　　　(단위: 원)

계정과목	수정전잔액시산표		수정분개		수정후잔액시산표		포괄손익계산서		재무상태표	
	차변	대변	차변	대변	차변	대변	차변	대변	차변	대변
현　　금	13,000				13,000				13,000	
매출채권	2,800				2,800				2,800	
선급보험료	2,400			(2) 200	2,200				2,200	
FVPL금융자산	5,500		(6) 200		5,700				5,700	
차량운반구	10,000				10,000				10,000	
미지급금		8,000				8,000				8,000
선 수 금		1,000				1,000				1,000
자 본 금		25,000				25,000				25,000
용역매출		8,300				8,300		8,300		
급　　여	1,800				1,800		1,800			
임 차 료	3,600			(1) 3,000	600		600			
소모품비	1,500			(3) 250	1,250		1,250			
수도광열비	1,200				1,200		1,200			
광고선전비	500				500		500			
합　　계	42,300	42,300								
선급임차료			(1) 3,000		3,000				3,000	
보 험 료			(2) 200		200		200			
소 모 품			(3) 250		250				250	
통 신 비			(4) 800		800		800			
미지급통신비				(4) 800		800				800
감가상각비			(5) 50		50		50			
감가상각누계액				(5) 50		50				50
FVPL금융자산평가이익				(6) 200		200				200
당기순이익							1,900			1,900
합　　계			4,500	4,500	43,350	43,350	8,300	8,300	36,950	36,950

6) 포괄손익계산서

포괄손익계산서

㈜어방용역 20×1년 10월 1일부터 10월 31일까지 (단위: 원)

구 분	금 액	
Ⅰ. 용역매출		8,300
Ⅱ. 일반관리비		(6,400)
급 여	1,800	
임차료	600	
소모품비	1,250	
수도광열비	1,200	
광고선전비	500	
보험료	200	
통신비	800	
감가상각비	50	
Ⅲ. 영업외수익		
FVPL금융자산평가이익		200
Ⅳ. 당기순이익		2,100
Ⅴ. 기타포괄손익		0
Ⅵ. 총포괄이익		2,100

7) 재무상태표

재무상태표

㈜어방용역 20×1년 10월 31일 현재 (단위: 원)

계정과목	금 액	
자산		
현 금		13,000
매출채권		2,800
소모품		250
선급보험료		2,200
선급임차료		3,000
FVPL금융자산		5,700
차량운반구	10,000	
감가상각누계액	(50)	9,950
자산총계		**36,900**
부채		
미지급금		8,000
선 수 금		1,000
미지급통신비		800
자본		
자 본 금		25,000
이익잉여금		2,100
부채와자본총계		**36,900**

8) 손익계정 마감

용역매출			
10/31집합손익	8,300	10/8현금	5,500
		10/15매출채권	2,800
	8,300		8,300

소모품비			
10/1현금	1,500	10/31소모품	250
		10/31집합손익	1,250
	1,500		1,500

급여			
10/28현금	1,800	10/31집합손익	1,800

임차료			
10/1현금	3,600	10/31선급임차료	3,000
		10/31집합손익	600
	3,600		3,600

보험료			
10/31선급보험료	200	10/31집합손익	200

광고선전비			
10/18현금	500	10/31집합손익	500

수도광열비			
10/28현금	1,200	10/31집합손익	1,200

통신비			
10/31미지급통신비	800	10/31집합손익	800

감가상각비			
10/31감가상각누계액	50	10/31집합손익	50

FVPL금융자산평가이익			
10/31집합손익	200	10/31FVPL금융자산	200

집합손익			
10/31급여	1,800	10/31용역매출	8,300
10/31임차료	600	10/31FVPL금융자산 평가이익	200
10/31보험료	200		
10/31광고선전비	500		
10/31소모품비	1,250		
10/31수도광열비	1,200		
10/31통신비	800		
10/31감가상각비	50		
10/31이익잉여금	2,100		
	8,500		8,500

<손익계정 마감분개>

(차) 용역매출	8,300	(대)	집합손익	8,500
FVPL금융자산 평가이익	200			
(차) 집합손익	6,400	(대)	급 여	1,800
			임차료	600
			보험료	200
			광고선전비	500
			소모품비	1,250
			수도광열비	1,200
			통신비	800
			감가상각비	50
(차) 집합손익	2,100	(대)	이익잉여금	2,100

9) 재무상태표계정 마감

현금

차변		대변	
10/1자본금	25,000	10/1임차료	3,600
10/8용역매출	5,500	10/1선급보험료	2,400
10/20선수금	1,000	10/1소모품비	1,500
		10/9유가증권	5,500
		10/10미지급금	2,000
		10/18광고선전비	500
		10/28수도광열비	1,200
		10/30급여	1,800
		10/31차기이월	13,000
	31,500		31,500

매출채권

차변		대변	
10/15용역매출	2,800	10/31차기이월	2,800

소모품

차변		대변	
10/31소모품비	250	10/31차기이월	250

선급임차료

차변		대변	
10/31임차료	3,000	10/31차기이월	3,000

선급보험료

차변		대변	
10/1현금	2,400	10/31보험료	200
		10/31차기이월	2,200
	2,400		2,400

FVPL금융자산

차변		대변	
10/9현금	5,500	10/31차기이월	5,700
10/31 FVPL금융자산 평가이익	200		
	5,700		5,700

차량운반구

차변		대변	
10/1미지급금	10,000	10/31차기이월	10,000

감가상각누계액

차변		대변	
10/31차기이월	50	10/31감가상각비	50

미지급금

차변		대변	
10/10현금	2,000	10/1차량운반구	10,000
10/31차기이월	8,000		
	10,000		10,000

선수금

차변		대변	
10/31차기이월	1,000	10/20현금	1,000

미지급통신비

차변		대변	
10/31차기이월	800	10/31통신비	800

자본금

차변		대변	
10/31차기이월	25,000	10/1현금	25,000

이익잉여금

차변		대변	
10/31차기이월	1,900	10/31집합손익	1,900

FVPL금융자산평가이익

차변		대변	
10/31차기이월	200	10/31 FVPL금융자산	200

4. [회계순환과정 종합 Ⅱ]

1) 결산수정분개

	차변	금액	대변	금액
(1)	(차) 이자비용	4,000	(대) 미지급이자	4,000
(2)	(차) 소모품비	3,000	(대) 소모품	3,000
(3)	(차) 감가상각비	120,000	(대) 감가상각누계액	120,000
(4)	(차) 임차료	15,000	(대) 선급임차료	15,000
(5)	(차) 급 여	5,000	(대) 미지급급여	5,000

현금

차변		대변	
11/30	41,000		

매출채권

차변		대변	
11/30	637,500		

선급임차료

차변		대변	
11/30	50,000	11/30 임차료	15,000

소모품

차변		대변	
11/30	8,000	11/30 소모품비	3,000

비품

차변		대변	
11/30	1,200,000		

감가상각누계액

차변		대변	
		11/30	240,000
		11/30 감가상각비	120,000

미지급이자

차변		대변	
		11/30 이자비용	4,000

미지급급여

차변		대변	
		11/30 급여	5,000

미지급금

차변		대변	
		11/30	175,000

선수금

차변		대변	
		11/30	140,000

차입금

차변		대변	
		11/30	200,000

자본금

차변		대변	
		11/30	400,000

이익잉여금

차변		대변	
		11/30	335,000

용역매출

차변		대변	
		11/30	730,000

이자비용

차변		대변	
11/30 미지급이자	4,000		

급여		
11/30	270,000	
11/30 미지급급여	5,000	

소모품비		
11/30	13,500	
11/30 소모품	3,000	

감가상각비		
11/30감가상각누계액	120,000	

임차료		
11/30 선급임차료	15,000	

2) 10위식 정산표

정산표

활천㈜ 20×1년 11월 1일부터 11월 30일까지 (단위: 원)

계정과목	수정전잔액시산표		수정분개		수정후잔액시산표		포괄손익계산서		재무상태표	
	차변	대변	차변	대변	차변	대변	차변	대변	차변	대변
현 금	41,000				41,000				41,000	
매 출 채 권	637,500				637,500				637,500	
선 급 임 차 료	50,000			(4)15,000	35,000				35,000	
소 모 품	8,000			(2)3,000	5,000				5,000	
비 품	1,200,000				1,200,000				1,200,000	
감가상각누계액		240,000		(3)120,000		360,000				360,000
미 지 급 금		175,000				175,000				175,000
선 수 금		140,000				140,000				140,000
차 입 금		200,000				200,000				200,000
자 본 금		400,000				400,000				400,000
이 익 잉 여 금		335,000				335,000				335,000
용 역 매 출		730,000				730,000		730,000		
급 여	270,000		(5)5,000		275,000		275,000			
소 모 품 비	13,500		(2)3,000		16500		16,500			
합 계	2,220,000	2,220,000								
이 자 비 용			(1)4,000		4,000		4,000			
미 지 급 이 자				(1)4,000		4,000				4,000
감 가 상 각 비			(3)120,000		120,000		120,000			
임 차 료			(4)15,000		15,000		15,000			
미 지 급 급 여				(5)5,000		5,000				5,000
당 기 순 이 익							299,500			299,500
			147,000	147,000	2,349,000	2,349,000	730,000	730,000	1,918,500	1,918,500

3) 포괄손익계산서

포괄손익계산서

활천㈜ 20×1년 11월 1일부터 11월 30일까지 (단위: 원)

구 분	금 액	
Ⅰ. 용역매출		730,000
Ⅱ. 일반관리비		(430,500)
급 여	275,000	
임차료	15,000	
소모품비	16,500	
감가상각비	120,000	
이자비용	4,000	
Ⅲ. 당기순이익		299,500
Ⅳ. 기타포괄손익		0
V. 총포괄이익		299,500

4) 재무상태표

재무상태표

활천㈜ 20×1년 11월 30일 현재 (단위: 원)

계정과목	금 액	
자산		
현 금		41,000
매출채권		637,500
선급임차료		35,000
소 모 품		5,000
비 품	1,200,000	
감가상각누계액	(360,000)	840,000
자산총계		**1,558,500**
부채		
미지급금		175,000
선 수 금		140,000
차 입 금		200,000
미지급이자		4,000
미지급급여		5,000
자본		
자 본 금		400,000
이익잉여금		634,500
기타포괄손익누계액		0
부채와자본총계		**1,558,500**

5) 포괄손익계산서계정의 마감 및 마감분개

용역매출

차변	금액	대변	금액
11/30 집합손익	730,000	11/30	730,000

이자비용

차변	금액	대변	금액
11/30 미지급이자	4,000	11/30 집합손익	4,000

급여

차변	금액	대변	금액
11/30	270,000	11/30 집합손익	275,000
11/30 미지급급여	5,000		
	275,000		275,000

소모품비

차변	금액	대변	금액
11/30	13,500	11/30 집합손익	16,500
11/30 소모품	3,000		
	16,500		16,500

감가상각비

차변	금액	대변	금액
11/30감가상각누계액	120,000	11/30 집합손익	120,000

임차료

차변	금액	대변	금액
11/30 선급임차료	15,000	11/30 집합손익	15,000

집합손익

차변	금액	대변	금액
11/30 급여	275,000	11/30 용역매출	730,000
11/30 소모품비	16,500		
11/30 이자비용	4,000		
11/30 임차료	15,000		
11/30 감가상각비	120,000		
11/30 이익잉여금	299,500		
	730,000		730,000

<손익계정 마감분개>

차변	금액	대변	금액
(차) 용역매출	730,000	(대) 집합손익	734,000
(차) 집합손익	430,500	(대) 급 여	275,000
		소모품비	16,500
		임 차 료	15,000
		감가상각비	120,000
		이자비용	4,000
(차) 집합손익	299,500	(대) 이익잉여금	299,500

6) 재무상태표계정의 마감 및 이월

현금

차변	금액	대변	금액
11/30	41,000	11/30 차기이월	41,000

매출채권

차변	금액	대변	금액
11/30	637,500	11/30 차기이월	637,500

선급임차료

차변	금액	대변	금액
11/30	50,000	11/30 임차료	15,000
		11/30 차기이월	35,000
	50,000		50,000

소모품

차변	금액	대변	금액
11/30	8,000	11/30 소모품비	3,000
		11/30 차기이월	5,000
	8,000		8,000

비품

차변	금액	대변	금액
11/30	1,200,000	11/30 차기이월	1,200,000

감가상각누계액

차변	금액	대변	금액
11/30 차기이월	360,000	11/30	240,000
		11/30 감가상각비	120,000
	360,000		360,000

미지급이자

11/30 차기이월	4,000	11/30 이자비용	4,000

미지급급여

11/30 차기이월	5,000	11/30 급여	5,000

미지급금

11/30 차기이월	175,000	11/30	175,000

선수금

11/30 차기이월	140,000	11/30	140,000

차입금

11/30 차기이월	200,000	11/30	200,000

자본금

11/30 차기이월	400,000	11/30	400,000

이익잉여금

11/30 차기이월	634,500	11/30	335,000
		11/30 집합손익	299,500
	634,500		634,500

제6장 연습문제 해답

1. [상품매출원가의 계산]

구 분	A기업	B기업	C기업	D기업
매 출 액	₩780,000	₩120,000	₩350,000	₩610,000
매출원가	(655,000)	(82,000)	298,000	(565,000)
기초재고액	115,000	9,000	17,500	(78,000)
당기매입액	820,000	80,000	(301,800)	537,000
기말재고액	(280,000)	7,000	21,300	50,000
매출총이익	125,000	(38,000)	(52,000)	45,000

2. [재고자산-상품의 기록방법 Ⅰ]

1) (차) 상　품 750,000　(대) 매입채무(또는 외상매입금) 750,000
2) (차) 매입채무 15,000　(대) 매입환출(또는 상품) 15,000
3) (차) 매출채권(또는 외상매출금) 900,000　(대) (상품)매출 900,000
　　　 매출원가 735,000　　　 상　품 735,000
4) (차) 매출환입 9,000　(대) 매출채권(또는 외상매출금) 9,000
　　　 상　품 7,350　　　 매출원가 7,350

3. [재고자산-상품의 기록방법 Ⅱ]

1) (차) 매　입 750,000　(대) 매입채무(또는 외상매입금) 750,000
2) (차) 매입채무 15,000　(대) 매　입 15,000
3) (차) 매출채권(또는 외상매출금) 900,000　(대) (상품)매출 900,000
4) (차) 매　출 9,000　(대) 매출채권(또는 외상매출금) 9,000

4. [재고자산-상품의 기록방법 종합]

구 분		계속기록법				실지재고조사법			
		차변		대변		차변		대변	
1)	11/5	상 품	800,000	매입채무	800,000	매 입	800,000	매입채무	800,000
2)	11/7	광고선전비	100,000	현 금	100,000	광고선전비	100,000	현 금	100,000
3)	11/8	매입채무	20,000	상 품	20,000	매입채무	20,000	매 입	20,000
4)	11/12	상 품	600,000	매입채무	600,000	매 입	600,000	매입채무	600,000
5)	11/15	매출채권	620,000	(상품)매출	620,000	매출채권	620,000	(상품)매출	620,000
		매출원가	450,000	상 품	450,000	회계처리 없음			
6)	11/17	매 출	10,000	매출채권	10,000	매 출	10,000	매출채권	10,000
		상 품	7,258	매출원가	7,258	회계처리 없음			
7)	11/24	현 금	900,000	매 출	900,000	현 금	900,000	매 출	900,000
		매출원가	730,000	상 품	730,000	회계처리 없음			

5. [상품매매기업의 회계순환과정 종합]

1) 결산수정분개

(1) 12말 31일 현재 기말재고액은 ₩17,500이다.

- 기초재고액 → 매출원가 (①)

(차) 매출원가	27,000	(대) 상　품	27,000

- 당기매입액 → 매출원가 (②)

(차) 매출원가	79,000	(대) 매　입	79,000

- 매출원가 → 기말재고액 (③)

(차) 상　품	17,500	(대) 매출원가	17,500

(2) 20×1년도분 건물에 대한 감가상각비는 ₩5,000이다. (④)

(차) 감가상각비	5,000	(대) 감가상각누계액-건물	5,000

(3) 당기분 급여 ₩3,400이 미지급되었다. (⑤)

(차) 급　여	3,400	(대) 미지급급여	3,400

(4) 12월 31일 현재 소모품 미사용액은 ₩4,400이다. (⑥)

(차) 소모품비	8,000	(대) 소모품	8,000

현금

12/31	15,600		

매출채권

12/31	6,900		

상품

12/31	27,000	12/31 매출원가	27,000
12/31 매출원가	17,500		

소모품

12/31	12,400	12/31 소모품비	8,000

토지

12/31	30,000		

건물

12/31	7,000		

매입채무

		12/31	11,000

자본금

		12/31	55,000

이익잉여금

		12/31	19,000

상품매출

		12/31	112,300

매입

12/31	79,000	12/31 매출원가	79,000

급여

12/31	19,400		
12/31미지급급여	3,400		

매출원가

12/31 상품	27,000	12/31 상품	17,500
12/31 매입	79,000		

감가상각비

12/31감가상각누계액-건물	5,000		

감가상각누계액-건물

		12/31 감가상각비	5,000

미지급급여

		12/31 급여	3,400

소모품비

12/31 소모품	8,000		

2) 10위식 정산표

정산표

㈜부원상사 20×1년 1월 1일부터 12월 31일까지 (단위: 원)

계정과목	수정전잔액시산표		수정분개		수정후잔액시산표		포괄손익계산서		재무상태표	
	차변	대변	차변	대변	차변	대변	차변	대변	차변	대변
현 금	15,600				15,600				15,600	
매출채권	6,900				6,900				6,900	
상 품	27,000		③17,500	①27,000	17,500				17,500	
소 모 품	12,400			⑥8,000	4,400				4,400	
토 지	30,000				30,000				30,000	
건 물	7,000				7,000				7,000	
매입채무		11,000				11,000				11,000
자 본 금		55,000				55,000				55,000
이익잉여금		19,000				19,000				19,000
상품매출		112,300				112,300		112,300		
매 입	79,000			②79,000	0					
급 여	19,400		⑤3,400		22,800		22,800			
합 계	197,300	197,300								
매출원가			①27,000 ②79,000	③17,500	88,500		88,500			
감가상각비			④5,000		5,000		5,000			
감가상각누계액				④5,000		5,000				5,000
미지급급여				⑤3,400		3,400				3,400
소모품비			⑥8,000		8,000		8,000			
당기순손실								12,000	12,000	
합 계			139,900	139,900	205,700	205,700	124,300	124,300	93,400	93,400

3) 포괄손익계산서

포괄손익계산서

㈜부원상사　　20×1년 1월 1일부터 12월 31일까지　　(단위: 원)

구　분	금	액
Ⅰ. 상품매출		112,300
Ⅱ. 매출원가		(88,500)
Ⅲ. 매출총이익		23,800
Ⅳ. 판매비와 관리비		(35,800)
급　여	22,800	
소모품비	8,000	
감가상각비	5,000	
Ⅴ. 당기순손실		12,000
Ⅵ. 기타포괄손익		0
Ⅶ. 총포괄손실		12,000

4) 재무상태표

재무상태표

㈜부원상사　　20×1년 12월 31일 현재　　(단위: 원)

계정과목	금	액
자산		
현　금		15,600
매출채권		6,900
상　품		17,500
소 모 품		4,400
토　지		30,000
건　물	7,000	
감가상각누계액	(5,000)	2,000
자산총계		**76,400**
부채		
매입채무		11,000
미지급급여		3,400
자본		
자본금		55,000
이익잉여금		7,000
부채와자본총계		**76,400**

5) 손익계정 마감 및 마감분개

상품매출

차변	금액	대변	금액
12/31 집합손익	112,300	12/31	112,300

소모품비

차변	금액	대변	금액
12/31 소모품	8,000	12/31 집합손익	8,000

급여

차변	금액	대변	금액
12/31	19,400	12/31 집합손익	22,800
12/31미지급급여	3,400		
	22,800		22,800

매출원가

차변	금액	대변	금액
12/31 상품	27,000	12/31 상품	17,500
12/31 매입	79,000	12/31 집합손익	88,500
	106,000		106,000

감가상각비

차변	금액	대변	금액
12/31감가상각누계액-건물	5,000	12/31 집합손익	5,000

집합손익

차변	금액	대변	금액
12/31 매출원가	88,500	12/31 상품매출	112,300
12/31 급여	22,800	12/31 이익잉여금	12,000
12/31 소모품비	8,000		
12/31 감가상각비	5,000		
	124,300		124,300

<손익계정 마감분개>

차변	금액	대변	금액
(차) 상품매출	112,300	(대) 집합손익	112,300
(차) 집합손익	124,300	(대) 매출원가	88,500
		급 여	22,800
		소모품비	8,000
		감가상각비	5,000

<당기순손실의 대체> (차) 이익잉여금 12,000 (대) 집합손익 12,000

6) 재무상태표계정 마감 및 잔액 이월

현금

차변	금액	대변	금액
12/31	15,600	12/31 차기이월	15,600

매출채권

차변	금액	대변	금액
12/31	6,900	12/31 차기이월	6,900

상품

차변	금액	대변	금액
12/31	27,000	12/31 매출원가	27,000
12/31 매출원가	17,500	12/31 차기이월	17,500
	44,500		44,500

소모품

차변	금액	대변	금액
12/31	12,400	12/31 소모품비	8,000
		12/31 차기이월	4,400
	12,400		12,400

토지

차변	금액	대변	금액
12/31	30,000	12/31 차기이월	30,000

건물

차변	금액	대변	금액
12/31	7,000	12/31 차기이월	7,000

감가상각누계액-건물

차변		대변	
12/31 차기이월	5,000	12/31 감가상각비	5,000

미지급급여

차변		대변	
12/31 차기이월	3,400	12/31 급여	3,400

매입채무

차변		대변	
12/31 차기이월	11,000	12/31	11,000

자본금

차변		대변	
12/31 차기이월	55,000	12/31	55,000

이익잉여금

차변		대변	
12/31 집합손익	12,000	12/31	19,000
12/31 차기이월	7,000		
	19,000		19,000

제7장 연습문제 해답

1. [판매가능재고자산원가 계산]

• 판매가능재고자산원가 = 기초 재고액 + 당기매입액	
기초재고자산	₩0
(+) 당기매입액	780,000
(+) 매입운임	50,000
(−) 매입환출	35,000
(+) 매입운송보험료	15,000
(+) 중개수수료	5,000
(=) 판매가능재고자산원가	₩815,000

2. [재고자산 취득원가]

지출내역	금 액
매입가격	₩1,000,000
매입할인(2/30, n/60)	(20,000)
매입운임	50,000
매입보험료	120,000
취득원가	₩1,150,000

3. [매출원가의 계산]

• 매출원가 = 기초 재고액 + 당기매입액 − 기말재고액		
기초재고자산		₩352,000
당기매입액(취득원가)		792,000
(+) 당기매입액(미착품 포함)	740,000	
(+) 매입운임	70,000	
(−) 매입환출	18,000	
기말재고자산		(372,000)
(=) 매출원가		₩772,000

4. [재구매조건부 판매의 회계처리]

형식에 따른 회계처리	경제적 실질에 따른 회계처리
(차) 현금 520,000 (대) 매출 520,000	(차) 현금 520,000 (대) 단기차입금 520,000
형식에 따른 회계처리의 경우 (**수익**)이 발생하지만, 경제적 실질에 따른 회계처리는 (**부채**)가 발생한다.	

5. [재고자산 수량결정: 특수한 상황에서의 재고자산 포함 여부]

1) 미착품으로 운송계약조건이 F.O.B도착지 인도조건이므로, 운송 중인 재고자산은 판매자의 재고자산에 포함되어야 한다. 따라서 본 미착품은 ㈜삼방의 재고자산에 해당하지 않는다.

2) 시용판매는 구매자가 구매의사를 표시하였을 경우에 수익을 인식하게 되므로, 12월 31일 현재 구매의사표시를 표시하지 않은 상품의 금액 ₩780,000은 ㈜삼방의 재고자산에 포함되어야 한다.

3) 재구매조건부 판매는 형식은 판매이나 경제적 실질이 차입에 해당하므로, 조건부판매에 따른 재고자산의 원가 ₩7,531,000(원가)은 ㈜삼방의 재고자산에 포함되어야 한다.

4) 위탁판매는 수탁자가 재고자산을 판매한 시점에 수익을 인식하므로, 12월 31일 현재 수탁자가 판매하지 않고 보유 중인 재고자산은 위탁자의 재고자산에 포함된다. 따라서 12월 31일 현재 수탁자가 미판매한 ₩6,540,000은 ㈜삼방의 재고자산에 포함되어야 한다. 적송품의 경우 적송운임은 재고자산의 원가에 포함한다.

→ 따라서 정확한 재고자산 금액은 → **₩20,724,000**이다.

6. [재고자산 기록방법]

1) 실지재고조사법과 계속기록법에서의 기말재고액과 매출원가

일자	거래 유형	수량	단가	판매 가격	매입금액	이동평균 단가	이동 평균법	총평균법	FIFO
12/1	전월이월	300	1,600		480,000				
12/6	매 입	700	1,630		1,141,000	**1,621**			
12/10	매 출	(600)	–	1,810			972,600		969,000
12/18	매 입	650	1,650		1,072,500				
12/20	매입환출	(50)	1,650		(82,500)	**1,638.4**			
12/27	매 출	(550)		1,960			901,120		899,500
12/29	매 입	150	1,680		252,000	**1,649**			
12/31	재고잔량	600			2,863,000	**매출원가**	1,873,720	1,881,400	1,868,500
판매가능수량		1,750				**기말재고**	982,280	981,600	994,500
판매수량		1,150							
							총평균단가	**1,636**	

2) 일자별 분개

일자	실지재고조사법				계속기록법			
	차변		대변		차변		대변	
12/6	매 입	1,141,000	매입채무	1,141,000	상 품	1,141,000	매입채무	1,141,000
12/10	매출채권	1,086,000	매 출	1,086,000	매출채권 매출원가	1,086,000 972,600	매 출 상 품	1,086,000 972,600
12/18	매 입	1,072,500	매입채무	1,072,500	상 품	1,072,500	매입채무	1,072,500
12/20	매입채무	82,500	매 입	82,500	매입채무	82,500	상 품	82,500
12/27	매출채권	1,078,000	매 출	1,078,000	매출채권 매출원가	1,078,000 901,120	매 출 상 품	1,078,000 901,120
12/29	매 입	252,000	매입채무	252,000	상 품	252,000	매입채무	252,000
12/31	매출원가 매출원가 상 품	480,000 2,383,000 981,600	상 품 매 입 매출원가	480,000 2,383,000 981,600	회계처리 없음			

7. [재고자산의 수량 부족과 가격 하락]

1) 재고수량 부족 및 가격 하락

수량 부족에 대한 회계처리 근거	가격 하락(저가법)에 따른 회계처리 근거
〈a상품 근거〉 (1,050개 - 1,000개) × ₩1,900 = ₩95,000	〈a상품 근거〉 단위당 취득원가 < 단위당 순실현가능가치 → 평가하지 않음
〈b상품 근거〉 (1,840개 - 1,750개) × ₩1,610 = ₩144,900	〈b상품 근거〉 (₩1,610 - ₩1,450) × 1,750개 = ₩280,000
재고자산감모손실액: ₩239,900	재고자산평가손실액: ₩280,000

2) 분개

일자	실지재고조사법		계속기록법	
	차변	대변	차변	대변
감모손실	회계처리 없음		매출원가 95,000 재고자산감모손실 149,900	상 품 239,900
평가손실	재고자산평가손실 280,000	재고자산평가충당금 280,000	재고자산평가손실 280,000	재고자산평가충당금 280,000

8. [매출총이익률법]

1) 매출총이익률이 매출의 32%

- 매출총이익 = ₩1,500,000 × 32% = ₩480,000
- 매출원가 = ₩1,500,000 - ₩480,000 = ₩1,020,000
- 기말재고액 = (₩320,000 + ₩1,000,000) - ₩1,020,000 = ₩300,000

2) 매출총이익률이 원가의 25%

- 매출총이익 = 매출액 - 매출원가 → 매출원가를 X라고 가정하면
  0.25X = 매출액 - X → ∴ 매출원가 X는 매출액 ÷ (1 + 0.25)
- 매출원가 = ₩1,500,000 ÷ (1 + 0.25) = ₩1,200,000
- 기말재고액 = (₩320,000 + ₩1,000,000) - ₩1,200,000 = ₩120,000

9. [소매재고법]

1) 평균원가소매재고법

- 매가기준 기말재고액

－매가기준 판매가능재고액 = 기초재고액 + 당기매입액 + 순인상액 － 순인하액
₩4,375,000 + ₩20,000,000 + (₩350,000 − ₩80,000) − (₩120,000 − ₩70,000)
= ₩24,595,000

－매가기준 기말재고액 : ₩24,595,000 − ₩17,595,000 = ₩7,000,000

- 원가율 추정 : 원가기준 판매가능재고액 ÷ 매가기준 판매가능재고액

$$\frac{₩3,500,000 + ₩12,300,000}{₩4,375,000 + ₩20,000,000 + (₩350,000 - ₩80,000) - (₩120,000 - ₩70,000)}$$

= 64.2%

- 원가기준 기말재고액 = 매가기준 기말재고액 × 원가율
= ₩7,000,000 × 64.2% = ₩4,494,000

- 매출원가 배분 = 원가기준 판매가능재고액 － 원가기준 기말재고액
= ₩15,800,000 − ₩4,494,000 = ₩11,306,000

2) 선입선출법 : 기초재고는 모두 판매되었으므로, 당기매입액에 대한 원가율 계산 필요

- 매가기준 기말재고액 : ₩7,000,000

- 원가율의 추정 : 원가기준 당기매입액 ÷ (매가기준 당기매입액 + 순인상액 − 순인하액)

$$\frac{₩12,300,000}{₩20,000,000 + (₩350,000 - ₩80,000) - (₩120,000 - ₩70,000)}$$

= 60.8%

- 원가기준 기말재고액 = ₩7,000,000 × 60.8% = ₩4,256,000

- 매출원가 배분 = ₩15,800,000 − ₩4,256,000 = ₩11,544,000

제8장 연습문제 해답

1. [토지의 취득원가]

토지의 취득원가 계산	
구입가격	₩5,000,000
중개수수료	130,000
배수로 공사	200,000
토지정지비	150,000
취·등록세	30,000
미지급법인세	20,000
토지의 취득원가	₩5,530,000

2. [기계장치의 취득원가]

기계장치 취득원가의 계산	
구입가액	₩2,500,000
관세	400,000
관세환급금	(−)50,000
설치원가 및 조립원가	620,000
전문가수수료	100,000
기계장치의 취득원가	₩3,570,000

3. [일괄취득]

토지, 건물, 기계장치의 취득원가 계산

- 토지의 취득원가 : ₩650,000 $\times \frac{350,000}{1,000,000}$ = ₩227,500
- 건물의 취득원가 : ₩650,000 $\times \frac{500,000}{1,000,000}$ = ₩325,000
- 기계장치의 취득원가 : ₩650,000 $\times \frac{150,000}{1,000,000}$ = ₩97,500

토지의 취득원가	₩227,500
건물의 취득원가	₩325,000
기계장치의 취득원가	₩97,500

4. [현물출자]

- 자본금의 계산
  ₩5,000 × 250주 = ₩1,250,000
- 주식발행초과금의 계산
  ₩3,500,000 − ₩1,250,000 = ₩2,250,000

- 20×1년 1월 1일 회계처리

(차) 토 지	3,500,000	(대) 자본금	1,250,000
		주식발행초과금	2,250,000

5. [장기연불조건]

- 토지의 취득원가 계산
  ₩1,000,000 × 2.40183 = ₩2,401,830
  * (₩3,000,000 − ₩2,401,830) = ₩598,170은 현재가치할인차금으로 이자 성격에 해당

- 20×1년 1월 1일 회계처리

(차) 토 지	2,401,830	(대) 장기성미지급금	3,000,000
현재가치할인차금	598,170		

6. [교환]

1) 효원㈜ 20×1년 7월 1일 회계처리

- 유형자산처분이익의 계산
  ₩95,000 − ₩72,000 = ₩23,000

(차) 건 물(B)	95,000	(대) 건 물(A)	120,000
감가상각누계액	48,000	유형자산처분이익	23,000

2) 경맥㈜ 20×1년 7월 1일 회계처리

- 유형자산처분손실의 계산
  ₩77,000 − ₩80,000 = ₩(−)3,000

(차) 건 물(A)	77,000	(대) 건 물(B)	100,000
감가상각누계액	20,000		
유형자산처분손실	3,000		

7. [감가상각방법: 정액법]

1) 정액법에 따른 연도별 회계처리

• 연도별 감가상각비의 계산

(단위: 원)

연도	취득가액	잔존가치	감가상각 대상금액	상각률	감가상각비	감가상각 누계액	기말 장부금액
20×1말	1,000,000	0	1,000,000	$\frac{1}{5}$	200,000	200,000	800,000
20×2말	1,000,000	0	1,000,000	$\frac{1}{5}$	200,000	400,000	600,000
20×3말	1,000,000	0	1,000,000	$\frac{1}{5}$	200,000	600,000	400,000
20×4말	1,000,000	0	1,000,000	$\frac{1}{5}$	200,000	800,000	200,000
20×5말	1,000,000	0	1,000,000	$\frac{1}{5}$	200,000	1,000,000	**0**
계					**1,000,000**		

20×1 기말	(차) 감가상각비	200,000	(대) 감가상각누계액	200,000
20×2 기말	(차) 감가상각비	200,000	(대) 감가상각누계액	200,000
20×3 기말	(차) 감가상각비	200,000	(대) 감가상각누계액	200,000
20×4 기말	(차) 감가상각비	200,000	(대) 감가상각누계액	200,000
20×5 기말	(차) 감가상각비	200,000	(대) 감가상각누계액	200,000

2) 정액법에 따른 연도별 부분재무상태표

• 20×1 기말

(부분)재무상태표

한국㈜ 20×1년 12월 31일 현재 (단위: 원)

자산		부채	
:			
유형자산			
:			
기계장치	1,000,000		
감가상각누계액	(200,000)	자본	
	800,000		
:			
자산총계		부채와자본총계	

(부분)포괄손익계산서

한국㈜	20×1년 1월 1일부터 20×1년 12월 31일까지	(단위: 원)
:		
감가상각비		200,000
:		
당기순이익		
기타포괄손익		
총포괄이익		

• 20×2 기말

(부분)재무상태표

한국㈜	20×2년 12월 31일 현재		(단위: 원)
자산		부채	
:			
유형자산			
:			
기계장치	1,000,000		
감가상각누계액	(400,000)	자본	
	600,000		
:			
자산총계		부채와자본총계	

(부분)포괄손익계산서

한국㈜	20×2년 1월 1일부터 20×2년 12월 31일까지	(단위: 원)
:		
감가상각비		200,000
:		
당기순이익		
기타포괄손익		
총포괄이익		

- 20×3 기말

(부분)재무상태표

한국㈜	20×3년 12월 31일 현재		(단위: 원)
자산		부채	
:			
유형자산			
:			
기계장치	1,000,000		
감가상각누계액	(600,000)	자본	
	400,000		
:			
자산총계		부채와자본총계	

(부분)포괄손익계산서

한국㈜	20×3년 1월 1일부터 20×3년 12월 31일까지 (단위: 원)
:	
감가상각비	200,000
:	
당기순이익	
기타포괄손익	
총포괄이익	

- 20×4 기말

(부분)재무상태표

한국㈜	20×4년 12월 31일 현재		(단위: 원)
자산		부채	
:			
유형자산			
:			
기계장치	1,000,000		
감가상각누계액	(800,000)	자본	
	200,000		
:			
자산총계		부채와자본총계	

(부분)포괄손익계산서

한국㈜	20×4년 1월 1일부터 20×4년 12월 31일까지	(단위: 원)
:		
감가상각비		200,000
:		
당기순이익		
기타포괄손익		
총포괄이익		

• 20×5 기말

(부분)재무상태표

한국㈜	20×5년 12월 31일 현재		(단위: 원)
자산		부채	
:			
유형자산			
:			
기계장치	1,000,000		
감가상각누계액	(1,000,000)	자본	
	0		
:			
자산총계		부채와자본총계	

(부분)포괄손익계산서

한국㈜	20×5년 1월 1일부터 20×5년 12월 31일까지	(단위: 원)
:		
감가상각비		200,000
:		
당기순이익		
기타포괄손익		
총포괄이익		

8. [감가상각방법: 연수합계법]

1) 연수합계법에 따른 연도별 회계처리

• 연도별 감가상각비의 계산

(단위: 원)

연도	취득가액	잔존가치	감가상각 대상금액	상각률	감가상각비	감가상각 누계액	기말 장부금액
20×1말	4,500,000	0	4,500,000	$\frac{3}{6}$	2,250,000	2,250,000	2,250,000
20×2말	4,500,000	0	4,500,000	$\frac{2}{6}$	1,500,000	3,750,000	750,000
20×3말	4,500,000	0	4,500,000	$\frac{1}{6}$	750,000	4,500,000	**0**
계					**4,500,000**		

20×1 기말	(차) 감가상각비	2,250,000	(대) 감가상각누계액	2,250,000
20×2 기말	(차) 감가상각비	1,500,000	(대) 감가상각누계액	1,500,000
20×3 기말	(차) 감가상각비	750,000	(대) 감가상각누계액	750,000

2) 연수합계법에 따른 연도별 부분재무상태표

• 20×1 기말

(부분)재무상태표

한국㈜ 20×1년 12월 31일 현재 (단위: 원)

자산		부채	
:			
유형자산			
:			
기계장치	4,500,000		
감가상각누계액	(2,250,000)	자본	
	2,250,000		
:			
자산총계		부채와자본총계	

(부분)포괄손익계산서

한국㈜	20×1년 1월 1일부터 20×1년 12월 31일까지	(단위: 원)
:		
감가상각비		2,250,000
:		
당기순이익		
기타포괄손익		
총포괄이익		

• 20×2 기말

(부분)재무상태표

한국㈜	20×2년 12월 31일 현재		(단위: 원)
자산		부채	
:			
유형자산			
:			
기계장치	4,500,000		
감가상각누계액	(3,750,000)	자본	
	750,000		
:			
자산총계		부채와자본총계	

(부분)포괄손익계산서

한국㈜	20×2년 1월 1일부터 20×2년 12월 31일까지	(단위: 원)
:		
감가상각비		1,500,000
:		
당기순이익		
기타포괄손익		
총포괄이익		

• 20×3 기말

(부분)재무상태표

한국㈜	20×3년 12월 31일 현재		(단위: 원)
자산		부채	
:			
유형자산			
:			
기계장치	4,500,000		
감가상각누계액	(4,500,000)	자본	
	0		
:			
자산총계		부채와자본총계	

(부분)포괄손익계산서

한국㈜ 20×3년 1월 1일부터 20×3년 12월 31일까지	(단위: 원)
:	
감가상각비	750,000
:	
당기순이익	
기타포괄손익	
총포괄이익	

9. [감가상각방법: 생산량비례법]

1) 생산량비례법에 따른 연도별 회계처리

• 연도별 감가상각비의 계산

(단위: 원)

연도	취득가액	잔존가치	감가상각 대상금액	상각률	감가상각비	감가상각 누계액	기말 장부금액
20×1말	2,000,000	150,000	1,850,000	$\frac{300,000}{500,000}$	1,110,000	1,110,000	890,000
20×2말	2,000,000	150,000	1,850,000	$\frac{150,000}{500,000}$	555,000	1,665,000	335,000
20×3말	2,000,000	150,000	1,850,000	$\frac{50,000}{500,000}$	185,000	1,850,000	**150,000**
계					**1,850,000**		

20×1 기말	(차) 감가상각비	1,110,000	(대) 감가상각누계액	1,110,000
20×2 기말	(차) 감가상각비	555,000	(대) 감가상각누계액	555,000
20×3 기말	(차) 감가상각비	185,000	(대) 감가상각누계액	185,000

2) 생산량비례법에 따른 연도별 부분재무상태표

- 20×1 기말

(부분)재무상태표

한국㈜ 20×1년 12월 31일 현재 (단위: 원)

자산		부채	
:			
유형자산			
:			
기계장치	2,000,000		
감가상각누계액	(1,110,000)	자본	
	890,000		
:			
자산총계		부채와자본총계	

(부분)포괄손익계산서

한국㈜ 20×1년 1월 1일부터 20×1년 12월 31일까지 (단위: 원)

:	
감가상각비	1,110,000
:	
당기순이익	
기타포괄손익	
총포괄이익	

• 20×2 기말

(부분)재무상태표

한국㈜	20×2년 12월 31일 현재		(단위: 원)
자산		부채	
:			
유형자산			
:			
기계장치	2,000,000		
감가상각누계액	(1,665,000)	자본	
	335,000		
:			
자산총계		부채와자본총계	

(부분)포괄손익계산서

한국㈜ 20×2년 1월 1일부터 20×2년 12월 31일까지	(단위: 원)
:	
감가상각비	550,000
:	
당기순이익	
기타포괄손익	
총포괄이익	

• 20×3 기말

(부분)재무상태표

한국㈜	20×3년 12월 31일 현재		(단위: 원)
자산		부채	
:			
유형자산			
:			
기계장치	2,000,000		
감가상각누계액	(1,850,000)	자본	
	150,000		
:			
자산총계		부채와자본총계	

(부분)포괄손익계산서

한국㈜	20×3년 1월 1일부터 20×3년 12월 31일까지	(단위: 원)
:		
감가상각비		185,000
:		
당기순이익		
기타포괄손익		
총포괄이익		

10. [감가상각방법: 정률법]

1) 정률법에 따른 연도별 회계처리

• 연도별 감가상각비의 계산

(단위: 원)

연도	기초장부금액	상각률	감가상각비	감가상각누계액	기말장부금액
20×1말	5,000,000	0.536	2,680,000	2,680,000	2,320,000
20×2말	2,320,000	0.536	1,243,520	3,923,520	1,076,480
20×3말	1,076,480	0.536	576,480	4,500,000	**500,000**
계			**4,500,000**		

시점	차변	금액	대변	금액
20×1 기말	(차) 감가상각비	2,680,000	(대) 감가상각누계액	2,680,000
20×2 기말	(차) 감가상각비	1,243,520	(대) 감가상각누계액	1,243,520
20×3 기말	(차) 감가상각비	576,480	(대) 감가상각누계액	576,480

2) 정률법에 따른 연도별 부분재무상태표

• 20×1 기말

(부분)재무상태표

한국㈜	20×1년 12월 31일 현재	(단위: 원)	
자산		부채	
:			
유형자산			
:			
기계장치	5,000,000		
감가상각누계액	(2,680,000)	자본	
	2,320,000		
:			
자산총계		부채와자본총계	

(부분)포괄손익계산서

한국㈜	20×1년 1월 1일부터 20×1년 12월 31일까지	(단위: 원)
:		
감가상각비		2,680,000
:		
당기순이익		
기타포괄손익		
총포괄이익		

- 20×2 기말

(부분)재무상태표

한국㈜	20×2년 12월 31일 현재		(단위: 원)
자산		부채	
:			
유형자산			
:			
기계장치	5,000,000		
감가상각누계액	(3,923,520)	자본	
	1,076,480		
:			
자산총계		부채와자본총계	

(부분)포괄손익계산서

한국㈜	20×2년 1월 1일부터 20×2년 12월 31일까지	(단위: 원)
:		
감가상각비		1,243,520
:		
당기순이익		
기타포괄손익		
총포괄이익		

- 20×3 기말

(부분)재무상태표

한국㈜	20×3년 12월 31일 현재		(단위: 원)
자산		부채	
:			
유형자산			
:			
기계장치	5,000,000		
감가상각누계액	(4,500,000)	자본	
	500,000		
:			
자산총계		부채와자본총계	

(부분)포괄손익계산서

한국㈜ 20×3년 1월 1일부터 20×3년 12월 31일까지	(단위: 원)
:	
감가상각비	576,480
:	
당기순이익	
기타포괄손익	
총포괄이익	

11. [감가상각방법: 이중체감법]

1) 이중체감법에 따른 연도별 회계처리

- 연도별 감가상각비의 계산

(단위: 원)

연도	기초장부금액	상각률	감가상각비	감가상각누계액	기말장부금액
20×1말	4,500,000	$\frac{2}{3}$	3,000,000	3,000,000	1,500,000
20×2말	1,500,000	$\frac{2}{3}$	1,000,000	4,000,000	500,000
20×3말	500,000	$\frac{2}{3}$	300,000	4,300,000	**200,000**
계			**4,300,000**		

20×1 기말	(차) 감가상각비	3,000,000	(대) 감가상각누계액	3,000,000
20×2 기말	(차) 감가상각비	1,000,000	(대) 감가상각누계액	1,000,000
20×3 기말	(차) 감가상각비	300,000	(대) 감가상각누계액	300,000

2) 이중체감법에 따른 연도별 부분재무상태표

- 20×1 기말

(부분)재무상태표

한국㈜ 20×년 12월 31일 현재 (단위: 원)

자산		부채	
:			
유형자산			
:			
기계장치	4,500,000		
감가상각누계액	(3,000,000)	자본	
	1,500,000		
:			
자산총계		부채와자본총계	

(부분)포괄손익계산서

한국㈜ 20×년 1월 1일부터 20×년 12월 31일까지 (단위: 원)

:	
감가상각비	3,000,000
:	
당기순이익	
기타포괄손익	
총포괄이익	

• 20×2 기말

(부분)재무상태표

한국㈜ 20×2년 12월 31일 현재 (단위: 원)

자산		부채	
:			
유형자산			
:			
기계장치	4,500,000		
감가상각누계액	(4,000,000)	자본	
	500,000		
:			
자산총계		부채와자본총계	

(부분)포괄손익계산서

한국㈜ 20×2년 1월 1일부터 20×2년 12월 31일까지 (단위: 원)

:	
감가상각비	1,000,000
:	
당기순이익	
기타포괄손익	
총포괄이익	

• 20×3 기말

(부분)재무상태표

한국㈜ 20×3년 12월 31일 현재 (단위: 원)

자산		부채	
:			
유형자산			
:			
기계장치	4,500,000		
감가상각누계액	(4,300,000)	자본	
	200,000		
:			
자산총계		부채와자본총계	

(부분)포괄손익계산서

한국㈜	20×3년 1월 1일부터 20×3년 12월 31일까지	(단위: 원)
:		
감가상각비		300,000
:		
당기순이익		
기타포괄손익		
총포괄이익		

12. [감가상각: 종합]

1) 정액법 20×7년 기말

- 감가상각비의 계산

$$(₩6,200,000 - ₩200,000) \times \frac{1}{5} = ₩1,200,000$$

- 20×7년 12월 31일 회계처리

(차) 감가상각비 1,200,000 (대) 감가상각누계액 1,200,000

2) 연수합계법 20×7년 기말

- 감가상각비의 계산

$$(₩6,200,000 - ₩200,000) \times \frac{4}{15} = ₩1,600,000$$

- 20×7년 12월 31일 회계처리

(차) 감가상각비 1,600,000 (대) 감가상각누계액 1,600,000

3) 이중체감법 20×7년 기말

- 감가상각비의 계산

$$(₩6,200,000 \times 0.6) \times \frac{1}{5} \times 2 = ₩1,488,000$$

- 20×7년 12월 31일 회계처리

(차) 감가상각비 1,488,000 (대) 감가상각누계액 1,488,000

13. [기중감가상각]

- 감가상각비의 계산

$$(₩1,250,000 - ₩50,000) \times \frac{1}{10} \times \frac{3}{12} = ₩30,000$$

- 20×0년 12월 31일 회계처리

(차) 감가상각비 30,000 (대) 감가상각누계액 30,000

14. [후속원가]

(차) 기계장치 90,000 (대) 현 금 97,000
수선비 7,000

15. [유형자산처분]

- 처분일까지의 감가상각비 계산

2015.1.1~2016.12.31의 감가상각비: $(₩7,500,000 - ₩500,000) \times \frac{1}{4} \times 2년 = ₩3,500,000$

2017.1.1~4.1의 감가상각비: $(₩7,500,000 - ₩500,000) \times \frac{1}{4} \times \frac{3}{12} = ₩437,500$

2015.1.1~2017.4.1까지의 감가상각누계액: ₩3,937,500

- 2017년 4월 1일 회계처리

(차) 현 금 3,200,000 (대) 기계장치 7,500,000
감가상각누계액 3,937,500
유형자산처분손실 362,500

16. [영업권]

1) 영업권 계산

- 각 자산 및 부채의 취득원가 계산

1. 자산 및 부채의 취득원가(취득시점의 공정가치)

자산		부채	
매출채권	₩125,000	매입채무	₩100,000
토지	20,000	미지급비용	46,000
건물	350,000	차입금	500,000
기계장치	400,000		
특허권	5,000		

2. 영업권의 계산: 합병대가 - 취득 순자산

$(₩370,000 - ₩88,000) - (₩900,000 - ₩646,000) = ₩28,000$

2) 사업결합일의 회계처리

(차)		(대)	
매출채권	125,000	매입채무	100,000
건 물	350,000	미지급비용	46,000
토 지	20,000	차입금	500,000
기계장치	400,000	현 금	282,000
특허권	5,000		
영업권	28,000		

3) 20×1년 1월 1일 사업결합일의 재무상태표

재무상태표

경맥㈜ 20×1년 1월 1일 현재 (단위: 원)

자산		부채	
현 금	276,000	매입채무	107,000
매출채권	137,000	미지급비용	251,000
토 지	109,000	차입금	620,000
건 물	473,000	미지급금	40,000
개발비	95,000	장기차입금	55,000
투자부동산	150,000	자본	
임차권리금	50,000	자본금	250,000
기계장치	400,000	자본잉여금	170,000
특허권	5,000	이익잉여금	230,000
영업권	28,000		
자산총계	1,723,000	부채와자본총계	1,723,000

제9장 연습문제 해답

1. [FVPL금융자산(채무증권) Ⅰ]

• 사채 취득원가의 계산

₩100,000 × PVAF(12%,3) + ₩1,000,000 × PV(12%,3)
= ₩100,000 × 2.40183 + ₩1,000,000 × 0.71178 = ₩951,963

• 회계처리

(차) FVPL금융자산	951,963	(대) 현 금	951,963

2. [FVPL금융자산(채무증권) Ⅱ]

• 사채 취득원가의 계산

₩60,000 × PVAF(12%,3) + ₩2,000,000 × PV(12%,3)
= ₩60,000 × 2.40183 + ₩2,000,000 × 0.71178 = ₩1,567,669

• 회계처리

(차) FVPL금융자산	1,567,669	(대) 현 금	1,567,669

3. [FVPL금융자산(채무증권) Ⅲ]

• 사채 취득원가의 계산

₩7,500 × PVAF(4%,3) + ₩500,000 × PV(4%,3)
= ₩7,500 × 2.77509 + ₩500,000 × 0.88900 = ₩465,311

• 회계처리

(차) FVPL금융자산	465,311	(대) 현 금	465,311

4. [FVPL금융자산(채무증권) Ⅳ]

- FVPL금융자산 평가손익의 계산

  ₩970,000 − ₩951,963 = ₩18,037

- 회계처리

(차) 현 금	100,000	(대) 이자수익	100,000
(차) FVPL금융자산	18,037	(대) FVPL금융자산평가이익	18,037

5. [FVPL금융자산(채무증권) Ⅴ]

- FVPL금융자산 평가손익의 계산

  ₩1,400,000 − ₩1,567,669 = (−)₩167,669

- 회계처리

(차) 현 금	60,000	(대) 이자수익	60,000
(차) FVPL금융자산평가손실	167,669	(대) FVPL금융자산	167,669

6. [FVPL금융자산(채무증권) Ⅵ]

- FVPL금융자산 평가손익의 계산

  ₩465,313 − ₩480,000 = ₩14,687

- 회계처리

(차) 현 금	7,500	(대) 이자수익	7,500
(차) FVPL금융자산	14,687	(대) FVPL금융자산평가이익	14,687

7. [FVPL금융자산(채무증권) Ⅶ]

1) 한국㈜의 취득일의 회계처리

- FVPL금융자산 취득원가의 계산

  공정가치 ₩950,000

- 취득시점에서의 미수이자의 계산(발행일부터 취득시점까지의 기간경과이자)

  $₩1,000,000 \times 10\% \times \frac{3}{12} = ₩25,000$

- 회계처리

(차) FVPL금융자산	950,000	(대) 현 금	977,000
수수료비용	2,000		
미수이자	25,000		

2) 한국㈜의 처분일의 회계처리

- FVPL금융자산 처분손익의 계산

  현금수취액 ₩1,017,000 − 미수이자 ₩25,000 − 이자수익 ₩25,000(*) − 장부가치 ₩950,000 = ₩17,000(이익)

  *이자수익: $₩1,000,000 \times 10\% \times \frac{3}{12} = ₩25,000$

- 회계처리

(차) 현 금	1,017,000	(대) FVPL금융자산	950,000
		미수이자	25,000
		이자수익	25,000
		FVPL금융자산처분이익	17,000

8. [FVPL금융자산(채무증권) Ⅷ]

1) 한국㈜의 취득일의 회계처리

(차) FVPL금융자산	930,000	(대) 현 금	951,000
수수료비용	1,000		
미수이자	20,000*		

*미수이자: $₩1,000,000 \times 12\% \times \frac{2}{12} = ₩20,000$

2) 한국㈜의 처분일의 회계처리

• FVPL금융자산 처분손익의 계산

현금수취액 ₩965,000 − 미수이자 ₩20,000 − 이자수익 ₩50,000(*) − 장부가치 ₩930,000 = (−)₩35,000(손실)

*이자수익: ₩1,000,000 × 12% × $\frac{5}{12}$ = ₩50,000

• 회계처리

(차)			(대)		
(차)	현　　금	965,000	(대)	FVPL금융자산	930,000
	FVPL금융자산처분손실	35,000		미수이자	20,000
				이자수익	50,000

9. [FVPL금융자산(지분증권) Ⅰ]

1) 회계처리

(1) 취득일 회계처리

• FVPL금융자산 취득원가의 계산

2,000주 × ₩3,000 = ₩6,000,000

• 회계처리

(차)			(대)		
(차)	FVPL금융자산	6,000,000	(대)	미지급금	6,000,000
	수수료비용	3,000		현　　금	3,000

(2) 결제일 회계처리

(차)			(대)		
(차)	미지급금	6,000,000	(대)	현　　금	6,000,000

(3) 20×1년 기말 회계처리

• FVPL금융자산 평가손익의 계산

기말 공정가치	₩6,600,000
기초 공정가치	6,000,000
평가이익	₩600,000

• 회계처리

(차) FVPL금융자산	600,000	(대) FVPL금융자산평가이익	600,000
현 금	20,000	배당금수익	20,000

(4) 처분일 회계처리

• 처분손익의 계산

처분시 모든 유가증권의 현금수취액은 처분가액 - 수수료비용이다.

- 현금수취액 계산식:

처분시 공정가치 ₩5,400,000(2,000주 × ₩2,700) - 수수료비용 ₩1,000 = ₩5,399,000

FVPL금융자산 처분이익은 현금수취액 - 지분증권의 장부가액이다.

- FVPL금융자산 처분이익 계산식:

현금수취액 ₩5,399,000 - 지분증권의 장부가액 ₩6,600,000 = (-)₩1,201,000

• 회계처리

(차) 현 금	5,399,000	(대) FVPL금융자산	6,600,000
FVPL금융자산처분손실	1,201,000		

2) 20×1년 12월 31일 부분재무상태표와 부분포괄손익계산서

(부분)재무상태표

한국㈜ 20×1년 12월 31일 현재 (단위: 원)

자산		부채	
유동자산			
FVPL금융자산	6,600,000	자본	
자산총계		부채와자본총계	

(부분)포괄손익계산서

한국㈜	20×1년 1월 1일부터 20×1년 12월 31일까지	(단위: 원)
배당금수익		20,000
FVPL금융자산평가이익		600,000
당기순이익		
기타포괄손익		
총포괄이익		

10. [FVPL금융자산(지분증권) Ⅱ]

1) 총액기준 기말회계처리

- 주식 평가 내역

총액기준 장부가액과 공정가치 변동분:

장부가액[50 × ₩12,500 + 70 × ₩32,000 + 10 × ₩85,000]

− 공정가치[50 × ₩10,500 + 70 × ₩29,000 + 10 × ₩86,000]

= ₩300,000

- 회계처리

(차) FVPL금융자산평가손실	300,000	(대) FVPL금융자산	300,000

2) 처분일의 회계처리

- 처분손익의 계산

현금수취액: [20주 × ₩35,000 + 5주 × ₩83,000] = ₩1,115,000

−FVPL금융자산처분이익 현금수취액[20주 × ₩35,000 + 5주 × ₩83,000] − 장부가액 [20주 × ₩29,000 + 5주 × ₩86,000] = ₩105,000

- 회계처리

(차) 현　　금	1,115,000	(대) FVPL금융자산	1,010,000
		FVPL금융자산처분이익	105,000

3) 20×2년 1월 31일 주식처분 직후의 부분재무상태표

재무상태표

한국㈜ 20×2년 1월 31일 현재 (단위: 원)

자산		부채	
유동자산			
FVPL금융자산	2,405,000		
		자본	
자산총계		부채와자본총계	

11. [AC금융자산(채무증권) Ⅰ]

1)

- 취득원가의 계산

₩80,000 × PVAF(12%,3) + ₩1,000,000 × PV(12%,3)
= ₩80,000 × 2.40183 + ₩1,000,000 × 0.71178 = ₩903,926

2) 유효이자율법에 의한 장부금액조정표

일자	유효이자 (12%)	액면이자 (8%)	증가액 (유효이자 − 액면이자)	장부금액 (현재가치)
20×1년 초				₩903,926
20×1년 말	₩108,471	₩80,000	₩28,471	932,397
20×2년 말	111,887	80,000	31,887	964,284
20×3년 말	115,716*	80,000	35,716	1,000,000
계	₩336,076	₩240,000	₩96,076	

* 단수조정

3) 회계처리

• 20×1년 초	(차) AC금융자산	903,926	(대) 현　　금	903,926
• 20×1년 말	(차) 현　　금	80,000	(대) 이자수익	108,471
	AC금융자산	28,471		
• 20×2년 말	(차) 현　　금	80,000	(대) 이자수익	111,887
	AC금융자산	31,887		

• 20×3년 말	(차) 현 금	80,000	(대) 이자수익	115,716
	AC금융자산	35,716		
	(차) 현 금	1,000,000	(대) AC금융자산	1,000,000

4) 부분재무상태표와 부분포괄손익계산서

• 20×1년 초

(부분)재무상태표

한국㈜ 20×1년 1월 1일 현재 (단위: 원)

자산		부채	
비유동자산			
장기투자자산		자본	
AC금융자산	903,926		
자산총계		부채와자본총계	

• 20×1년 말

(부분)재무상태표

한국㈜ 20×1년 12월 31일 현재 (단위: 원)

자산		부채	
비유동자산			
장기투자자산		자본	
AC금융자산	932,397		
자산총계		부채와자본총계	

(부분)포괄손익계산서

한국㈜ 20×1년 1월 1일부터 20×1년 12월 31일까지 (단위: 원)

이자수익	108,471
당기순이익	
기타포괄손익	
총포괄이익	

• 20×2년 말

(부분)재무상태표

한국㈜	20×2년 12월 31일 현재		(단위: 원)
자산		부채	
비유동자산			
장기투자자산		자본	
AC금융자산	964,284		
자산총계		부채와자본총계	

(부분)포괄손익계산서

한국㈜ 20×2년 1월 1일부터 20×2년 12월 31일까지	(단위: 원)
이자수익	111,887
당기순이익	
기타포괄손익	
총포괄이익	

• 20×3년 말

(부분)재무상태표

한국㈜	20×3년 12월 31일 현재		(단위: 원)
자산		부채	
비유동자산			
장기투자자산		자본	
AC금융자산	0		
자산총계		부채와자본총계	

(부분)포괄손익계산서

한국㈜	20×3년 1월 1일부터 20×3년 12월 31일까지	(단위: 원)
이자수익		115,718
당기순이익		
기타포괄손익		
총포괄이익		

12. [AC금융자산(채무증권) Ⅱ]

1)

• 취득원가의 계산

₩15,000 × PVAF(5%,3) + ₩1,000,000 × PV(5%,3)
= ₩15,000 × 2.72325 + ₩1,000,000 × 0.86384 = ₩904,689

2) 유효이자율법에 의한 장부금액조정표

일자	유효이자 (5%)	액면이자 (1.5%)	증가액 (유효이자 − 액면이자)	장부금액 (현재가치)
20×1년 초				₩904,689
20×1년 말	₩45,234	₩15,000	₩30,234	934,923
20×2년 말	46,746	15,000	31,746	966,669
20×3년 말	48,331*	15,000	33,331	1,000,000
계	₩140,311	₩45,000	₩95,311	

* 단수조정

3) 회계처리

• 20×1년 초	(차) AC금융자산	904,689	(대) 현 금	904,689
• 20×1년 말	(차) 현 금	15,000	(대) 이자수익	45,234
	AC금융자산	30,234		
• 20×2년 말	(차) 현 금	15,000	(대) 이자수익	46,746
	AC금융자산	31,746		

• 20×3년 말	(차) 현　　금	15,000	(대) 이자수익	48,331
	AC금융자산	33,331		
	(차) 현　　금	1,000,000	(대) AC금융자산	1,000,000

4) 부분재무상태표와 부분포괄손익계산서

• 20×1년 초

(부분)재무상태표

한국㈜　　20×1년 1월 1일 현재　　(단위: 원)

자산		부채	
비유동자산			
장기투자자산		자본	
AC금융자산	904,689		
자산총계		부채와자본총계	

• 20×1년 말

(부분)재무상태표

한국㈜　　20×1년 12월 31일 현재　　(단위: 원)

자산		부채	
비유동자산			
장기투자자산		자본	
AC금융자산	934,923		
자산총계		부채와자본총계	

(부분)포괄손익계산서

한국㈜　　20×1년 1월 1일부터 20×1년 12월 31일까지　　(단위: 원)

이자수익	45,234
당기순이익	
기타포괄손익	
총포괄이익	

• 20×2년 말

(부분)재무상태표

한국㈜	20×2년 12월 31일 현재		(단위: 원)
자산		부채	
비유동자산			
장기투자자산		자본	
AC금융자산	966,669		
자산총계		부채와자본총계	

(부분)포괄손익계산서

한국㈜ 20×2년 1월 1일부터 20×2년 12월 31일까지	(단위: 원)
이자수익	46,746
당기순이익	
기타포괄손익	
총포괄이익	

• 20×3년 말

(부분)재무상태표

한국㈜	20×3년 12월 31일 현재		(단위: 원)
자산		부채	
비유동자산			
장기투자자산		자본	
AC금융자산	0		
자산총계		부채와자본총계	

(부분)포괄손익계산서

한국㈜ 20×3년 1월 1일부터 20×3년 12월 31일까지	(단위: 원)
이자수익	48,331
당기순이익	
기타포괄손익	
총포괄이익	

제10장 연습문제 해답

1. [사채 할인발행]

1) 발행금액

> • 사채의 발행금액 계산
>
> ₩1,000,000 × 1.5% × PVAF(3%,3) + ₩1,000,000 × PV(3%,3)
> = ₩15,000 × 2.82861 + ₩1,000,000 × 0.91514
> = ₩957,569

2) 발행일의 회계처리

(차) 현 금	957,569	(대) 사 채	1,000,000
사채할인발행차금	42,431		

2. [사채 액면발행]

1) 발행금액

> • 사채의 발행금액 계산
>
> ₩1,000,000 × 9% × PVAF(9%,4) + ₩1,000,000 × PV(9%,4)
> = ₩90,000 × 3.23972 + ₩1,000,000 × 0.70843
> = ₩1,000,000(소수 첫째자리에서 반올림)

2) 발행일의 회계처리

(차) 현 금	1,000,000	(대) 사 채	1,000,000

3. [사채 할증발행]

1) 발행금액

> • 사채의 발행금액 계산
>
> ₩1,500,000 × 8% × PVAF(7%,5) + ₩1,5000,000 × PV(7%,5)
> = ₩120,000 × 4.10020 + ₩1,500,000 × 0.71299
> = ₩1,561,509

2) 발행일의 회계처리

(차) 현　　금	1,561,509	(대) 사　　채	1,500,000
		사채할증발행차금	61,509

4. [사채 할인발행과 이자인식]

1) 사채할인발행차금 상각표

일자	유효이자 (3%)	액면이자 (1.5%)	차감액 (유효이자 - 액면이자)	장부금액 (현재가치)
20×1년 초				₩957,569
20×1년 말	₩28,727	₩15,000	₩13,727	971,296
20×2년 말	29,139	15,000	14,139	985,435
20×3년 말	29,565*	15,000	14,565	1,000,000
계	₩87,471	₩45,000	₩42,431	

* 단수조정

2) 연도별 회계처리

- 20×1년 말

(차) 이자비용	28,727	(대) 현　　금	15,000
		사채할인발행차금	13,727

- 20×2년 말

(차) 이자비용	29,139	(대) 현　　금	15,000
		사채할인발행차금	14,139

- 20×3년 말

(차) 이자비용	29,565	(대) 현　　금	15,000
		사채할인발행차금	14,565
(차) 사　　채	1,000,000	(대) 현　　금	1,000,000

3) 연도별 부분재무상태표와 부분포괄손익계산서

• 20×1년 초

(부분)재무상태표

한국㈜ 20×1년 1월 1일 현재 (단위: 원)

자산		부채		
		비유동부채		
		사채	1,000,000	
		사채할인발행차금	(42,431)	957,569
		자본		
자산총계		부채와자본총계		

• 20×1년 말

(부분)재무상태표

한국㈜ 20×1년 12월 31일 현재 (단위: 원)

자산		부채		
		비유동부채		
		사채	1,000,000	
		사채할인발행차금	(28,704)	971,296
		자본		
자산총계		부채와자본총계		

(부분)포괄손익계산서

한국㈜ 20×1년 1월 1일부터 20×1년 12월 31일까지 (단위: 원)

이자비용	28,727
당기순이익	
기타포괄손익	
총포괄이익	

- 20×2년 말

(부분)재무상태표

한국㈜	20×2년 12월 31일 현재			(단위: 원)
자산		부채		
		비유동부채		
		사채	1,000,000	
		사채할인발행차금	(14,565)	985,435
		자본		
자산총계		부채와자본총계		

(부분)포괄손익계산서

한국㈜ 20×2년 1월 1일부터 20×2년 12월 31일까지	(단위: 원)
이자비용	29,139
당기순이익	
기타포괄손익	
총포괄이익	

- 20×3년 말

(부분)재무상태표

한국㈜	20×3년 12월 31일 현재			(단위: 원)
자산		부채		
		비유동부채		
		사채	0	
		사채할인발행차금	(0)	0
		자본		
자산총계		부채와자본총계		

(부분)포괄손익계산서

한국㈜	20×3년 1월 1일부터 20×3년 12월 31일까지	(단위: 원)
이자비용		29,565
당기순이익		
기타포괄손익		
총포괄이익		

5. [사채 할인발행과 조기상환]

- 20×2년 말

(차) 사　　채	1,000,000	(대) 현　　금	990,000
사채상환손실	4,565	사채할인발행차금	14,565

6. [사채 할인발행]

1) 발행금액

- 사채 발행금액의 계산

₩3,000,000 × 8% × PVAF(11%,3) + ₩3,000,000 × PV(11%,3)
= ₩240,000 × 2.44371 + ₩3,000,000 × 0.73119
= ₩2,780,060

2) 사채할인발행차금 상각표

일자	유효이자 (11%)	액면이자 (8%)	차감액 (유효이자 − 액면이자)	장부금액 (현재가치)
20×1년 초				₩2,780,060
20×1년 말	₩305,807	₩240,000	₩65,807	2,845,867
20×2년 말	313,045	240,000	73,045	2,918,912
20×3년 말	321,088*	240,000	81,088	3,000,000
계	₩939,940	₩720,000	₩219,940	

* 단수조정

3) 연도별 회계처리

- 20×1년 초

(차) 현　　금	2,780,060	(대) 사　　채		2,780,060

- 20×1년 말

(차) 이자비용	305,807	(대) 현　　금	240,000
		사　　채	65,807

- 20×2년 말

(차) 이자비용	313,045	(대) 현　　금	240,000
		사　　채	73,045

- 20×3년 말

(차) 이자비용	321,088	(대) 현　　금	240,000
		사　　채	81,088
(차) 사　　채	3,000,000	(대) 현　　금	3,000,000

4) 연도별 부분재무상태표와 부분포괄손익계산서

- 20×1년 초

(부분)재무상태표

한국㈜　　20×1년 1월 1일 현재　　(단위: 원)

자산		부채	
		비유동부채	
		사채	2,780,060
		자본	
자산총계		부채와자본총계	

• 20×1년 말

(부분)재무상태표

한국㈜	20×1년 12월 31일 현재		(단위: 원)
자산		부채	
		비유동부채	
		사채	2,845,867
		자본	
자산총계		부채와자본총계	

(부분)포괄손익계산서

한국㈜ 20×1년 1월 1일부터 20×1년 12월 31일까지	(단위: 원)
이자비용	305,807
당기순이익	
기타포괄손익	
총포괄이익	

7. [사채 할인발행 조기상환]

(차) 사　채	2,845,867	(대) 현　금	2,800,000
		사채상환이익	45,867

제11장 연습문제 해답

1. [충당부채 인식]

제품보증은 충당부채에 해당한다. 제조자는 제품을 판매하는 시점에 구매자에게 제품보증을 약속하며, 제조상 결함이 명백한 경우에 제조자는 판매 계약 조건에 따라 수선이나 교체를 이행한다. 그리고 과거 경험에 비추어 보면 제품보증에 따라 일부가 청구될 가능성이 청구되지 않을 가능성보다 높다. 그러므로 제품보증은 과거 의무발생사건의 결과로 생기는 현재의무이며(의무발생사건은 제품보증을 포함한 제품의 판매이며, 이는 법적 의무를 생기게 한다), 해당 의무 이행에 따른 경제적 효익이 있는 자원의 유출(제품보증을 전체적으로 볼 때 자원 유출 가능성이 높다)이다. 그러므로 제품보증원가 추정치는 충당부채에 해당한다.

2. [충당부채 인식]

소매상은 고객이 상품에 만족하지 못한 경우에는 법적 의무가 없더라도 환불해 주는 방침을 갖고 있다. 상품 판매는 의제의무를 생기게 하는 의무발생사건이다. 소매상의 행위로 소매상이 판매한 상품을 환불해 줄 것이라는 정당한 기대를 고객이 갖게 되기 때문이다. 해당 의무 이행에 따른 경제적 효익이 있는 자원의 유출 가능성이 높다. 일정 비율의 상품이 환불을 통해 반품되기 때문이다. 그러므로 환불원가의 추정치는 충당부채로 인식한다.

3. [충당부채 인식]

이사회가 사업부 폐쇄를 결정하였으나 그 특정 사업부에 그와 같은 의사결정이 전달되지 않았다. 그러므로 기업의 입장에서는 어떠한 의무도 발생하지 않았다. 즉, 현재의무가 없으므로 충당부채로 인식하지 않는다.

제12장 연습문제 해답

1. [주식발행: 유상증자]

1) 회계처리

(차) 현 금	147,000	(대) 보통주자본금	70,000
		주식발행초과금	77,000

2) 부분재무상태표

재무상태표

한국㈜	20×1년 7월 1일 현재		(단위: 원)
자산		부채	
		자본	
		자본금	1,070,000
		주식발행초과금	277,000
자산총계		부채와자본총계	

*자본금금액: 기초 ₩1,000,000 + 20×1년 7월 1일 자본금 증가분 ₩70,000
= ₩1,070,000

*자본잉여금금액: 기초 주식발행초과금 ₩200,000 + 20×1년 7월 1일 주식발행초과금 증가분 ₩77,000 = ₩277,000

2. [주식발행: 유상증자]

1) 회계처리

(차) 현 금	47,500	(대) 보통주자본금	50,000
주식발행초과금	1,000		
주식할인발행차금	1,500		

2) 부분재무상태표

재무상태표

한국㈜		20×1년 7월 1일 현재	(단위: 원)
자산		부채	
		자본	
		자본금	110,000
		주식발행초과금	0
		주식할인발행차금	(1,500)
자산총계		부채와자본총계	

*자본금금액: 기초 ₩60,000 + 20×1년 7월 1일 자본금 증가분 ₩50,000 = ₩110,000
*자본잉여금금액: 기초 주식발행초과금 ₩1,000 – 20×1년 7월 1일 주식발행초과금 ₩1,000 = ₩0

3. [주식소각: 유상감자]

1) 회계처리

(차) 자 본 금	1,500,000	(대) 현 금	1,710,000
감자차익	210,000		

2) 부분재무상태표

재무상태표

한국㈜		20×1년 7월 1일 현재	(단위: 원)
자산		부채	
		자본	
		자본금	8,500,000
		주식발행초과금	2,000,000
		감자차익	290,000
자산총계		부채와자본총계	

*자본금: 기초 ₩10,000,000 – 20×1년 7월 1일 자본금 감소분 ₩1,500,000 = ₩8,500,000
*감자차익: 기초 감자차익 ₩500,000 – 20×1년 7월 1일 감자차익 ₩210,000 = ₩290,000

4. [자기주식]

1) 회계처리

• 20×1년 7월 1일

(차) 자기주식	105,000	(대) 현 금	105,000

• 20×1년 9월 15일

(차) 자기주식	54,000	(대) 현 금	54,000

• 20×1년 10월 23일

(차) 현 금	46,000	(대) 자기주식	42,000
		자기주식처분손실	4,000

2) 부분재무상태표

재무상태표

한국㈜ 20×1년 10월 23일 현재 (단위: 원)

자산		부채	
		자본	
		자본금	600,000
		주식발행초과금	25,000
		자기주식	(317,000)
		자기주식처분손실	(1,000)
		감자차손	(8,000)
자산총계		부채와자본총계	

*자기주식: ₩200,000 + ₩105,000 + ₩54,000 − ₩42,000 = ₩317,000

5. [주식배당]

1) 회계처리

• 20×2년 2월 17일

(차) 미처분이익잉여금	160,000	(대) 미지급배당금	100,000
		미교부주식배당금	50,000
		이익준비금	10,000

*미지급배당금: ₩100 × 10,000주 × 10% = ₩100,000
*미교부주식배당금: ₩100 × 10,000주 × 5% = ₩50,000
*이익준비금: 현금배당 ₩100,000 × 10% = ₩10,000

- 20×2년 3월 16일

(차) 미지급배당금	100,000	(대) 현　　금	100,000
미교부주식배당금	50,000	자 본 금	50,000

2) 20×2년 2월 17일 부분재무상태표

재무상태표

한국㈜	20×2년 2월 17일 현재		(단위: 원)
자산		부채	
		유동부채	
		미지급배당금	100,000
		자본	
		자본금	1,000,000
		이익준비금	30,000*
		미처분이익잉여금	225,000
		미교부주식배당금	50,000
자산총계		부채와자본총계	

*이익준비금: 기초 ₩20,000 + 배당결의일 ₩10,000 증가 = ₩30,000

3) 20×2년 3월 16일 부분재무상태표

재무상태표

한국㈜	20×2년 3월 16일 현재		(단위: 원)
자산		부채	
		자본	
		자본금	1,050,000*
		이익준비금	30,000
		미처분이익잉여금	225,000
자산총계		부채와자본총계	

*자본금: 기초 ₩1,000,000 + 주식배당자본금 대체 ₩50,000 = ₩1,050,000

제13장 연습문제 해답

1. [현금흐름 분류]

번호	내　　용	현금흐름의 종류
1)	주식발행	예시)　재무활동현금흐름
2)	현금의 대여	투자활동현금흐름
3)	토지매각	투자활동현금흐름
4)	건물매입	투자활동현금흐름
5)	배당금수취	영업활동현금흐름
6)	주식수각에 따른 현금유출	재무활동현금흐름
7)	FVOCI금융자산 취득	투자활동현금흐름
8)	이자와 법인세 지급	영업활동현금흐름
9)	단기매매목적 금융자산 매각	영업활동현금흐름
10)	용역제공에 따른 현금유입	영업활동현금흐름

2. [영업활동으로 인한 현금흐름: 간접법 I]

현금흐름표

한국㈜	20×0년 1월 1일부터 20×0년 12월 31일까지		(단위: 원)
Ⅰ. 영업활동으로 인한 현금흐름			304,700
1. 당기순이익		106,200	
2. 현금의 유출이 없는 비용 등의 가산		109,000	
감가상각비	37,000		
대손상각비	2,000		
유형자산처분손실	70,000		
3. 현금의 유입이 없는 수익 등의 차감		0	
4. 영업활동으로 인한 자산 및 부채의 변동		89,500	
매출채권의 감소	75,000		
대손충당금의 감소	(9,000)*		
선급보험료의 증가	(6,000)		
재고자산의 감소	15,000		
매입채무의 증가	20,000		
미지급급여의 감소	(4,000)		
미지급법인세의 감소	(1,500)		

*대손충당금 감소 ₩9,000 = －₩7,000(대손충당금 변동) － ₩2,000(대손상각비 발생)

3. [영업활동으로 인한 현금흐름: 간접법Ⅱ]

현금흐름표

한국㈜	20×0년 1월 1일부터 20×0년 12월 31일까지		(단위: 원)
Ⅰ. 영업활동으로 인한 현금흐름			140,000
1. 당기순이익		120,000	
2. 현금의 유출이 없는 비용 등의 가산		50,000	
감가상각비	50,000		
3. 현금의 유입이 없는 수익 등의 차감		(30,000)	
유형자산처분이익	30,000		
4. 영업활동으로 인한 자산 및 부채의 변동		0	
매출채권의 증가	(32,000)		
선급비용의 증가	(6,000)		
재고자산의 감소	9,000		
매입채무의 증가	20,000		
미지급급여의 증가	6,000		
미지급법인세의 증가	3,000		

4. [투자활동으로 인한 현금흐름]

투자활동으로 인한 현금흐름 = ₩80,000 − 기계장치의 신규매입*

*기계장치의 신규매입 = 기말취득가액 − (기초취득가액 − 처분된 기계취득가액)
= ₩500,000 − (₩300,000 − ₩100,000)
= ₩300,000

투자활동으로 인한 현금흐름 = ₩80,000 − ₩300,000 = − ₩220,000(순유출액)

5. [재무활동으로 인한 현금흐름]

재무활동으로 인한 현금흐름 = 사채 액면발행 + 유상증자 − 배당금
= ₩300,000 + ₩150,000 − ₩20,000
= ₩430,000(순유입액)

[저자 소개]

이 성 희
(현)인제대학교 경영학과 교수
경영학 박사, 공인회계사
삼일회계법인 근무
공인회계사 시험 출제위원
e-mail : shleeone@inje.ac.kr

김 정 애
(현)부산대학교 강사
경영학 박사
부산대학교 전임대우 강사
전남대학교 연구교수
e-mail : jungae95@pusan.ac.kr

IFRS 회계원리 [워크북]

2022년 1월 17일 1판 발행
2024년 2월 28일 1판2쇄 발행

저 자 이성희 · 김정애
발행인 김광범
발행처 도서출판 시대가치
주 소 서울특별시 마포구 토정로 222, 422-1호(한국출판콘텐츠센터)
전 화 02)3152-2620
팩 스 02)6442-2621
등 록 2017년 3월 23일 제2018-000088호
이메일 timepub2017@gmail.com

ISBN 979-11-89607-57-9 93320

정가 15,000원